DIEDERICHS GELBE REIHE
herausgegeben von Michael Günther

Mary Steiner-Geringer

Tarot als Selbsterfahrung

Eugen Diederichs Verlag

Mit 22 Tarotbildern von Heiri Steiner
und vielen Diagrammen

Die Deutsche Bibliothek – CIP-Einheitsaufnahme
Steiner-Geringer, Mary:
Tarot als Selbsterfahrung / Mary Steiner-Geringer
[Mit 22 Tarotbildern von Heiri Steiner]. –
4. Aufl. – München : Diederichs, 1993
(Diederichs Gelbe Reihe ; 55 : Alte Welt)
ISBN 3-424-00795-1
NE: GT

4. Auflage 1993
© Eugen Diederichs Verlag, München 1985
Alle Rechte vorbehalten

Umschlaggestaltung: Zembsch' Werkstatt, München
Produktion: Tillmann Roeder, München
Satz: Lichtsatz Heinrich Fanslau, Düsseldorf
Druck und Bindung: Friedrich Pustet, Regensburg
Printed in Germany

ISBN 3-424-00795-1

Inhalt

Vorwort	7
Ursprung des Tarockspiels	11
Das Auslegen und Befragen der Karten	15
Wie finde ich die »richtigen« Karten? – Kartenwahl und Bedeutung	17
Tarot und Tierkreis	22
Die Ausdeutung der Karten	26
I Der Gaukler (Der Magier)	29
II Die Priesterin (Die Hohepriesterin)	33
III Die Herrscherin	38
IV Der Herrscher	42
V Der Priester (Der Hohepriester)	47
VI Die Entscheidung (Die Liebenden)	51
VII Der Wagen (Der Triumphwagen)	56
VIII Die Gerechtigkeit	61
IX Der Weise (Der Eremit)	66
X Das Schicksal (Das Lebensrad)	70
XI Die Kraft	75
XII Die Prüfung (Der Gehängte)	80
XIII Der Tod	85
XIV Die Mäßigkeit	89
XV Der Teufel	94
XVI Die Zerstörung	99
XVII Die Sterne	104
XVIII Der Mond	109
XIX Die Sonne	114
XX Das Gericht (Die Auferstehung)	118

XXI Die Welt	123
0 Der Narr	127
Bedeutung der Symbolik	133
Die Arkana und ihre gegenseitigen Beziehungen	138
Bedeutung der Figuren	141
Die Symbolsprache der einzelnen Karten	143
Die vier Heilswege	172
Gruppierung der Karten	176
Die vier Fünfergruppen	178
Die zwölf Paare	180
Vierheiten	183
Der kabbalistische Tarot	187
Dreizahlen und Siebenzahlen	200
Die sieben Dreizahlen	201
Die drei Siebenzahlen	204
Symbolismus der Formen und Farben	206
Der Kreis	206
Das Kreuz	207
Das Dreieck	210
Das Viereck	212
Die planetarischen Zeichen	213
Die Farben	214
Ideogramme der Tarotkarten	216
Exkurs zum Tarot: Wie die Fragen zu formulieren und die gezogenen Karten zu interpretieren sind	217
Das kleine Hufeisen	218
Die Achterschleife	220
Beispiel einer ausführlichen Interpretation	224
Literaturhinweise	234

Vorwort

»Tarot als Selbsterfahrung« will einiges von dem vermitteln, was ich in jahrelangen Studien in der Bibliothek des Musée Guimet, Paris, und später in Zürich erarbeitet habe. Eine dreißigjährige Beschäftigung mit dem alten *kosmischen Spiel*, viele Gespräche mit meinem Mann, dem Künstler Heiri Steiner, und den Menschen, die ich in meiner Praxis Tarot lehrte, gehen diesem Buch voraus. Die vorliegenden 22 Bilder des Tarot hat Heiri Steiner 1967 entworfen. Er wollte mir ein Spiel schenken, das der Tradition gerecht, nicht historisierend, dem heutigen Formempfinden entspricht. Der Text stellt eine übersichtliche Fassung für diejenigen dar, die sich bereits mit dem Thema beschäftigt haben, ist aber auch für Laien, die einen überblickbaren Gesamteindruck des Tarot erhalten möchten, bestimmt.
Um die Übersichtlichkeit zu erleichtern, wurde der Text in zwei Teile gegliedert. Die Karten samt ihren Symbolen und deren detaillierte Erklärung in bezug auf ihre Bedeutung, die verschiedenen Anwendungsgebiete wie die allgemeine Bedeutung, die kosmologische Bedeutung, die kabbalistische, alchemistische und freimaurerische Bedeutung sowie der Weg der Einweihung sind klar gegeneinander abgegrenzt und vermitteln eine leicht faßliche generelle wie detaillierte Anleitung für die Ausdeutung. Ein psychologischer Kommentar, verfaßt von Irene Gad, gibt Hinweise auf das von der Karte verlangte Verhalten.

Wie beim altchinesischen »Buch der Wandlungen« (I Ging oder I-ching) geht es beim Tarot um Bilder und Symbole, die menschliche Bezüge und kosmisches Geschehen in verschlüsselter Form darstellen. Nur spricht der Tarot naturgemäß mehr das Auge an: die Figuren der 22 *arkana* (»Geheimnisse«) setzen unsere bildassoziativen Vorstellungen in Gang.

Der Sinngehalt der Figuren, ihre Haltung und ihre Attribute, die zugehörigen hebräischen Buchstaben, Zahlen und Farben sind durch eine reiche esoterische Tradition überliefert. Das vorliegende Spiel folgt der französischen Tradition, in welcher die Numerierung der Karten mit dem hebräischen Alphabet übereinstimmt. Zum Auslegen und Betrachten der Karten wählt man am besten die Karten des Tarot de Marseille.

Das Wissen um die in den Sinnbildern, Buchstaben und Zahlen wirkenden Kräfte wird uns durch die wahrscheinlich auf die chaldäische Überlieferung zurückgehende Kabbala übermittelt: sie ist ein Schlüssel zum mystischen Wissen des Okzidents.

Die Karten folgen nicht beliebig aufeinander. Außer den Beziehungen zwischen einer Karte, der ihr vorausgehenden und der nächsten, bestehen Verbindungen, ebenso zwischen jeder einzelnen und allen anderen. Das einzelne Sinnbild sollte nicht bloß in der linearen Abfolge, sondern auch in seiner qualitativen und dynamischen Bezogenheit auf das Ganze, im zyklischen Ablauf, der Vergangenes und Zukünftiges verknüpft, erfaßt werden. Je genauer wir die Gesetze der Welt und unseres eigenen Denkens beobachten, um so klarer erkennen wir, daß das, was wir Wirklichkeit nennen, sich auf zwei Ebenen bzw. in zwei unterschiedlichen Richtungen auswirkt: der eine Prozeß vollzieht sich in der zyklischen Aufein-

anderfolge zeitlicher und kausaler (logischer) Zusammenhänge: die akausalen Vorgänge jedoch gehen von einem zeitlosen Zentrum aus und bewegen sich sozusagen vertikal durch die zeitlichen und kausalen Zusammenhänge. Diese beiden Arten von Zusammenhängen wahrzunehmen, soll durch Wählen und Auslegen der Karten vermittelt werden:
Die Bilder erregen durch ihre Betrachtung Interesse, Neugier, Hoffnung und Befürchtung, welche das Unbewußte aktivieren und Raum und Zeit zurücktreten lassen. Diese Relativierung tritt eben dann ein, wenn die Psyche sich selbst in den evozierten Archetypen betrachtet. Archetypen sind Spiegelungen göttlicher Ordnungsfaktoren, wie sie sich in Zeit und Raum darbieten. Sie sind seelische Wahrheiten, die aus der Tiefe der Psyche aufsteigen, jedem Menschen eingeboren, Bilder jener Lebenskraft, die das ganze Universum durchströmt.
Je nach den Erfahrungen des betreffenden Menschen haben die Archetypen verschiedene Bedeutungen, abhängig von der Ebene, auf die sie bezogen sind. Je nach der Konstellation, in der sie aufgelegt werden, können sie sich selbst, ihren positiven Pol oder den polaren Gegensatz, den negativen Pol, bedeuten. Je mehr wir uns mit ihnen beschäftigen, um so transparenter wird uns ihre Bedeutung. Denn wenn Logik nur mit feststehenden, in ihren Beziehungen isolierten Begriffen operieren kann, besitzen Symbole die Eigenschaft, unmittelbare Verbindungen mit Objekten unterschiedlichen Charakters, aber ähnlicher Bedeutungsordnung, herzustellen. Wir lernen, den Sinngehalt der Karten auf dem Weg intuitiver Einsicht zu verstehen, um unsere jeweils gegebene Situation zu empfinden und uns aus dem Gefängnis der entindividualisierten logischen Begriffe zu befreien.

Die Vertiefung in diese Sinnbilder ist ein Mittel, unserem einseitig orientierten Bewußtsein Zugang zu den Inhalten des persönlichen, des familiären und des kollektiven Unbewußten zu verschaffen; sie kann uns helfen, sinngemäße Koinzidenzen zwischen den bei der Orakelbefragung »zufällig« gewählten Karten und vergangenen oder zukünftigen Ereignissen, die zu ihnen in keiner kausalen, sondern in subjektiver, synchronistischer Beziehung stehen, wahrzunehmen.

In der Zen-Terminologie, die ich hier benutze, sprechen wir von der »Entfaltung« der Welt: gemeint ist damit, daß sich das stets Gegenwärtige unter den Bedingungen von Raum und Zeit zur konkreten Wirklichkeit wandelt. Dabei können ein radialer und ein peripherer Vorgang unterschieden werden: ersterer bewegt sich vertikal durch die periphere Ausdehnung, so wie ein Baum in die Höhe wächst und gleichzeitig Jahresringe ansetzt.

Auf den Menschen angewandt, können wir die Jahresringe mit seiner Mühe vergleichen, sich die nötigen Lebensgrundlagen zu schaffen, und das Wachstum in die Höhe als den zunehmenden Einfluß wachsender Bewußtwerdung der kosmischen Kräfte auf sein Leben begreifen.

Mary Steiner-Geringer

Ursprung
des Tarockspiels

Die erste Erwähnung eines Kartenspieles, Nahipi oder Naip genannt, finden wir unter Charles dem VI. von Frankreich in den Registern der »Chambre des Comptes«, im Jahre 1392.
Andere Dokumente beweisen, daß Spielkarten bereits 1379 in Belgien bekannt waren.
In seiner Geschichte von Viterbo erwähnt Feliciano Bussi, daß dort 1379 Spielkarten, die von den Sarazenen stammten und Naib genannt wurden, im Gebrauch waren.
In Spanien finden wir solche Kartenspiele 1367 unter der Bezeichnung Naip erwähnt. Vielleicht kann dieses Wort vom flämischen Knaep = Papier abgeleitet werden.
In Deutschland wurde das Kartenspiel in einem Hirtenbrief des Bischofs von Würzburg an seine Diözese bereits 1329 den Mönchen und Nonnen verboten.
Von Spanien wanderten die Karten nach Italien. Zum ersten Male finden wir sie 1545 in Venedig.
Eine andere Tradition (Court de Gébelin) will, daß die Tarockembleme ursprünglich die Initiationsbilder ägyptischer Priester darstellen, die in zwei Reihen auf die Wände der Tempel gemalt wurden, und durch Zigeuner, die sie zum Wahrsagen benutzten, nach Europa kamen.
Das eigentliche Tarockspiel stellt eine Kombination zwischen dem Naibispiel und dem gewöhnlichen Kartenspiel (jeu de cartes numérables) dar.
Man nimmt an, daß letzteres vom Schachspiel abgeleitet

wurde. Wenn man nämlich von Turm und Springer absieht, so bestand das erste deutsche Kartenspiel aus König und Königin und zwei Buben, während die Nummernserie den Bauern entsprach. Man glaubt, daß sich der Gebrauch der vier Farben, Münze, Pokal, Schwert und Stab, durch die Gewohnheit des 14. Jahrhunderts, zu viert Schach zu spielen, eingebürgert hat.

Wir unterscheiden drei verschiedene Tarockspiele:
Das Lombardische oder Venezianische, welches 78 Karten umfaßt; das Bologneser mit 62 Karten, als dessen Erfinder François Fibbia, Prinz von Pisa († 1419) gilt; ferner das sogenannte Minichiate aus Florenz mit 97 Karten.

Eines der ältesten auf uns gekommenen Tarockspiele ist ohne Zweifel dasjenige des Cabinet d'Estampes der Bibliothèque Nationale in Paris. Der Überlieferung, die manche Dichter und Schriftsteller inspirierte, zufolge, sollte es der Unterhaltung und Zerstreuung des melancholischen Charles VI. dienen. Es handelt sich bei diesem Spiel sehr wahrscheinlich um besonders schöne venezianische Karten.

Eines der schönsten Spiele, die wir kennen, gehörte dem Duce Filippo Maria Visconti (* 1392). Es wurde seinem Sekretär, dem Gelehrten und Maler Marziano da Tortona, mit 1500 Goldgulden bezahlt. Von diesem ältesten und authentischsten Spiele sind heute noch 67 Karten vorhanden.

Die Darstellung der Embleme und ihre Bezeichnung haben sich im Laufe der Zeit etwas verändert. Immer aber finden wir die 22 Bilder am Anfang des Spieles und die vier Farbserien, von denen jede 14 Karten umfaßt.

Wer von uns entgeht der Faszination des Unbekannten, Noch-nicht-Gewußten, wer möchte nicht zuweilen ent-

decken, was ihm die Zukunft vorbehält; um selbst auf Unberechenbares vorbereitet zu sein?
Alle haben wir wohl schon das Horoskop befragt, der eine oder andere auch eine Kartenlegerin zu Rate gezogen. Durch solche Mittel wollen wir uns den Zugang zu unserem Unbewußten verschaffen, uns der Fessel eigener bedingter Bewußtheit entledigen. Ein solches Mittel sind auch die Tarotkarten – die »Großen *Arkana*«.
Oft werden wir uns bei ihrer Betrachtung fragen, warum mit diesen phantastisch anmutenden Bildern ein bestimmter Gedankengehalt verknüpft ist, ob er ihnen willkürlich zugesprochen wird oder ob diese überraschenden Formen nicht ein Medium darstellen, in dem sich ein tieferer Sinn Ausdruck verschaffen kann.
Seit dem Jahrhundert der Aufklärung gilt die Aufmerksamkeit des europäischen Denkens dem Gesetz von Ursache und Wirkung, das eine detaillierte Erkenntnis und Handhabung der konkreten Umwelt verbürgt. Mit der zunehmenden Bedeutung der Wissenschaft ist dieses lineare, quantitative Denken beinahe zur ausschließlichen Form geistiger Betätigung geworden.
Zur Entwicklung der künstlerischen Gestaltungskraft und der Intuition muß aber unser einseitig rationales Bewußtsein durch die Inhalte des persönlichen und kollektiven Unbewußten ergänzt werden. Wahrheiten, welche das rationale Fassungsvermögen übersteigen, treten uns denn auch in Träumen, in Mythen und Märchen wie in den vorliegenden Sinnbildern entgegen. Diese sind das Material, die körperhafte Form, in der sich das synthetische, zusammenstellende Denken entfaltet; es erfaßt das Objekt in seiner dynamischen und qualitativen Bezogenheit zum Ganzen, in seiner Bedingtheit als Teil eines zyklischen Ablaufes, der Vergangenes und Zukünftiges

verknüpft. Seine Gedankenwelt kann uns den Zugang zur vierten Dimension »jenseits von Zeit und Raum« eröffnen.
Entscheidend für die Hilfe, welche uns die Befragung dieser Karten bieten kann, ist unsere Einstellung zu ihnen. Bei ihrer Auslegung haben wir ihre doppelte Bedeutung zu beachten: die expandierende, welche sich im Zeitverlauf summiert und das Vergehende aufzeigt, und die entgegengesetzte, kontrahierende, welche die Keime der Zukunft birgt. Wenn man versteht, wie sich der Baum im Samen zusammenzieht, kann man die zukünftige Entfaltung dieses Baumes vorhersagen.

Das Auslegen und Befragen der Karten

Wenn wir den Tarot richtig verstehen, vermitteln uns die Karten mit ihren Symbolen ein festes Gerüst von Sinnbildern, die unsere Phantasie beflügeln und verhindern, daß sie sich im Unbestimmten verliert. Ihre Betrachtung soll die Brücke zum Transzendentalen bilden und das innere Wachsein fördern.
Denken wir über diese Karten nach, meditieren wir, lassen wir die Bilder auf uns wirken, so entwickelt diese Konzentration unser Bilddenken, und die Arkane erfüllen dann den gleichen Zweck wie die Mandalas* der Inder und Tibeter.
Es ist von Vorteil, das Bild intensiv, aber nur kurze Zeit zu betrachten – zu Beginn nicht länger als fünf Minuten –, um es sich dann mit geschlossenen Augen so deutlich wie möglich vorzustellen. Nur wenn wir fähig sind, alle Bedeutungen, die jeder einzelnen Karte zukommen, in sie hineinzudenken, wird sie diese Gedanken, Begriffe, Formeln und Zahlen ausstrahlen; denn nur durch die richtige mentale Einstellung werden die Symbole so belebt, daß sie auf uns zurückwirken und die medialen Kräfte, die in uns schlummern, erwecken; ihr Hellwerden befähigt uns, Aussagen zu machen über Vergangenes

---

* Ein vier- oder achtgeteilter Kreis bildet die häufigste Südlage der Mandalas, die als Instrument östlicher Meditationsübungen dienen. Besonders im Lamaismus spielen sie, mit reichem Bildinhalt versehen, eine Rolle. Meist sind es Vorstellungen des Kosmos in seinem Zusammenhang mit göttlichen Mächten (nach Aniela Jaffé).

und Zukünftiges und Fragen nach dem Verhalten im Alltag zu beantworten.
Bei der Tarotbefragung unterscheidet man die Große und die Kleine Arbeit. Letztere betrifft Alltagsfragen, die sich mit Ja oder Nein beantworten lassen. Bedeutungsvoller ist die erste Arbeit, die dem Fragenden einen Weg weisen kann, gleich, ob es sich um physische, seelische oder geistige Nöte handelt.
Wichtig ist, daß die Fragen auf die richtige Weise gestellt werden. Nur eine Frage, die den Sinn des Geschehens erfaßt, erhält auch die richtige Antwort. Für jede Frage legen wir die Karten nur einmal aus: jeder weitere Versuch wäre sonst durch das erste Ergebnis beeinflußt und würde unsere Intuition fehlleiten. Befragen wir den Tarot zu verschiedenen Zeitpunkten über dasselbe Anliegen, so dürfen wir nicht erstaunt sein, wenn wir nicht stets dieselbe Antwort erhalten; die verschiedenen Auskünfte haben vielleicht Bezug auf verschiedene Seiten der Angelegenheit, oder unsere Einstellung zu ihr kann gewechselt haben.
Für die Große Arbeit empfiehlt es sich, die Abend- oder Nachtstunden zu wählen; dann sind die inneren und äußeren Störungen geringer. Montag, Samstag oder Donnerstag, an denen die der Deutungskunst günstigen Gestirne Mond, Saturn und Jupiter herrschen, sind die günstigsten Tage.
Über den Tisch breitet man eine weiche, für diesen Zweck bestimmte Decke, am besten Samt. Die Beleuchtung soll nicht zu stark sein. Bei körperlichem Unwohlsein ist es ratsam, die Befragung zu verschieben.
Nach Gebrauch sollten die Karten nicht achtlos in eine Schublade geworfen, sondern in einer dafür bestimmten Schachtel aufbewahrt werden.

Wie finde ich die »richtigen« Karten?
Kartenwahl und Bedeutung

Zu Beginn mischt man die Karten wie Spielkarten. Dadurch wird die geistige Verbindung hergestellt, die es erlaubt, die richtige Karte oder jene Zahl, nach welcher die Karte bestimmt wird, zu finden. Es ist möglich, daß beim Mischen die Karten – deren Bilder ja ein Oben und Unten zeigen – gedreht werden, so daß sie »aufrecht« oder »verkehrt« zu liegen kommen; dies ist bei der Ausdeutung zu beachten. Den positiven Sinn des Symbols betont die aufrechtliegende Karte; kommt sie umgekehrt zu liegen, so bedeutet sie die Warnung vor dem Negativen. Eine Ausnahme von dieser Regel machen hier Arkanum XIII und Arkanum XVI. Hier schwächt die verkehrtliegende Karte die primär ungünstige Bedeutung ab, die bei aufrechter Lage bestätigt wird.

Während des Mischens konzentriert man sich auf seine Frage. Um die richtige Karte zu finden, kann man zwei verschiedene Methoden anwenden, die Ertastung oder die Zahlenwahl.

Ertastung: Das gemischte Spiel wird mit der Rückseite nach oben ausgebreitet. Der Fragende betastet nun, indem er sich auf sein Anliegen konzentriert, mit fünf oder zehn Fingern die Karten, welche dadurch ausgebreitet oder zusammengeschoben werden. Plötzlich hat er die Gewißheit: diese Karte ist es. Er sondert sie aus und stellt sich auf die nächste Karte ein, und so fort, bis er alle nötigen Karten gewählt hat.

Zahlenwahl: Diese Art, die Karten zu finden, wurde von Oswald Wirth, der ihr vor anderen den Vorzug gibt, beschrieben und ist einfach durchzuführen. Der Fragende soll, während er sich auf sein Anliegen konzentriert, die Karten mischen und sie dann zu einem Päckchen zusammenschieben. Dann soll er spontan eine Zahl zwischen 1 und 22 nennen. Vom Päckchen werden so viele Karten, als der genannten Zahl entsprechen, abgehoben; die letzte der abgehobenen Karten wird umgedreht und ausgelegt. Damit wird fortgefahren, bis alle Karten gefunden sind.

Drei Karten für einfache Fragen: Für einfache Fragen genügen drei Karten, die durch Ertastung oder Zahlenwahl gefunden werden. Diese Karten beziehen sich auf Vergangenes, Gegenwärtiges, Zukünftiges, zum Beispiel: alter Wohnort – Wechsel – neuer Wohnort. Oder: Wahl zwischen einem Mitarbeiter – einem anderen – Ergebnis.

Fünf Karten für schwierige Fragen (nach Wirth): Die erste der abgehobenen Karten wird zur linken Hand des Fragenden ausgelegt und bedeutet Bejahung; sie bezieht sich auf alles, was im positiven Sinn zur Antwort gehört, zeigt, was man tun soll, womit man rechnen kann, den Freund oder Beschützer, die Haltung, die anzustreben ist.

Die zweite Karte, die zur rechten Hand ausgelegt wird, bedeutet Verneinung; sie gibt an, was zu vermeiden oder zu fürchten ist, zeigt die Gefahr, den Fehler oder die Versuchung, der man ausweichen soll.

Die dritte Karte, die zuoberst gelegt wird, nennt Wirth den Richter. Sie vergleicht das Positive und Negative der beiden ersten und rät, wie man sich zu verhalten hat.

Die vierte Karte, die zuunterst gelegt wird, heißt das Urteil. Sie fällt die Entscheidung, die sich aus der Betrachtung aller vier Karten ergibt.

Ins Zentrum der in Kreuzesform ausgelegten Karten legen wir nun eine fünfte, die Bekräftigung, Zusammenfassung, Unterstreichung. Sie wird auf folgende Art gefunden: Die Zahlen der vier ausgelegten Karten werden zusammengezählt. Beträgt die gefundene Summe 22, so ist die betreffende Karte der Narr (0 als 22. Arkanum gezählt); ist sie kleiner, so sucht man jenes Arkan, welches die entsprechende Zahl trägt. Übersteigt die Summe der Zahl 22, so zieht man aus ihr die Quersumme, zum Beispiel 57 = 5 + 7 = 12. Zur besseren Veranschaulichung sei ein Schema beigefügt:

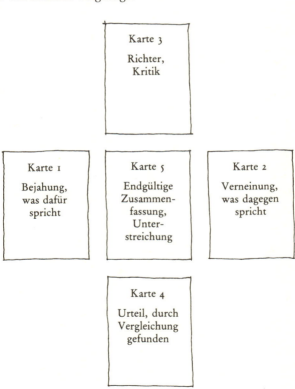

Der große Stern, sieben Karten für schwierige Fälle (nach Winckelmann): Die Wahl der Karten 1 bis 6 kann durch Ertasten oder Zahlenwahl erfolgen; die siebte Karte wird mit der Quersummenmethode bestimmt.

Ausgelegt werden die Karten folgendermaßen: Karten 1, 2 und 3 bilden ein gleichschenkliges Dreieck mit der Spitze (Karte 1) nach oben; Karte 2 rechts, Karte 3 links. Karte 4, 5 und 6 bilden ein anderes gleichschenkliges Dreieck mit der Spitze nach unten (Karte 6), Karte 4 liegt links, Karte 5 rechts. Karte 7 wird in die Mitte der beiden Dreiecke, die sich überschneiden, gelegt.

Schema:

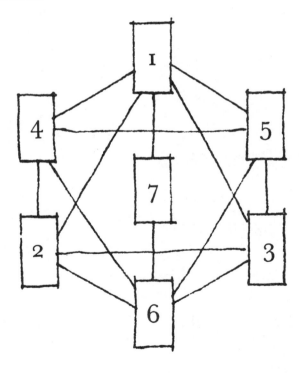

Gedeutet wird:
a) Jede Karte 1 bis 6 für sich allein
b) das obere Dreieck 1 – 4 – 5 und das untere 2 – 3 – 6
c) die großen Dreiecke 1 – 2 – 3 und 4 – 5 – 6
d) die Verbindungen 2 – 4, 3 – 5 und 6 – 7 – 1.

Am wichtigsten ist die Bedeutung der untereinanderliegenden Karten und der zuletzt gezogenen Karte. 2 – 4 bezieht sich auf alles Materielle, Physische, äußere Verhältnisse; Beruf; 3 – 5 auf das Seelische; 1 – 7 – 6 auf das Geistige; 1 – 4 – 5 auf die Angelegenheit selbst; 2 – 3 – 6 auf den Fragenden; 7 ist Zusammenfassung, letztes Urteil.

Über einiges wird mehr zu sagen sein, über anderes weniger. Man versuche nicht, Deutungen herauszuquälen, und lege einer allzu verwirrenden Auskunft keinen Wert bei; denn die guten Antworten zeichnen sich durch Logik und Eindeutigkeit aus. Die völlige Ausdeutung wird kaum auf einmal gelingen, am besten notiert man sich die Stellung der Karten und legt sie in einer stillen Stunde nochmals aus. Oft findet man dann Zusammenhänge, die einem vordem entgangen sind.

Die letzte Instanz (kann befragt werden, wenn sich Unsicherheiten bei der Ausdeutung ergeben): Sieben Karten werden gewählt und ausgelegt, ihre einzelnen Zahlenwerte zusammengezählt und so lange die Quersumme daraus gezogen, bis sich eine Zahl unter 10 ergibt. Beispiel: $20 + 9 + 3 + 15 + 17 + 21 + 7 = 92 = 9 + 2 = 11 = 1 + 1 = 2$. In diesem Beispiel stellt Karte 2 die letzte, entscheidende Instanz dar.

Tarot und Tierkreis

Die Methode, Tarot und Astrologie miteinander zu verbinden, ist einfach. Für jedes der zwölf Häuser wird eine oder zwei Karten – beginnend am Aszendenten (1) – ausgelegt und ihre Bedeutung mit der nachstehend aufgeführten Bedeutung des Hauses verglichen.

Besonders aufschlußreich wird sich die Deutung erweisen, wenn das Jahreshoroskop vorliegt und die Bedeutung des Planeten, der ein bestimmtes Haus besetzt, mit jener der darauf fallenden Karte verglichen wird; die Karte, die zum Beispiel auf Haus 12 fällt, kann uns verborgene Zusammenhänge aufdecken. Allerdings setzt dies astrologische Kenntnisse voraus.

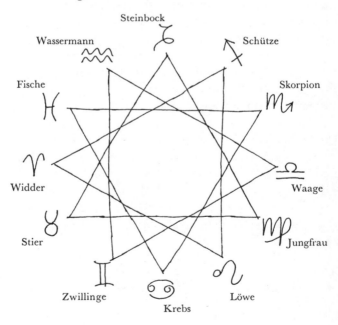

ASTROLOGISCHE HÄUSER,
DIE 12 LEBENSGEBIETE

1: Wie ich aus meiner physiognomischen Eigenart heraus reagiere; Interessen der Ichtriebe, die isoliert gesehene Person und ihre Selbstbespiegelung, ihre Projekte.

2: Was ich an Besitz erwerbe und halte, worauf sich mein Eigenwertgefühl stützt; Körperaufbau und stoffliche Assimilation, Sachwerte, Geld, Wissensbesitz.

3: Was in meine persönliche Entwicklung eingeht; geistige Aneignungen im Gebrauchswert, Schulung, Kurse, Literatur, Anwendung und praktischer Umsatz des Erlernten von der Kinderstube an, Geschwister, zweckbestimmte Reisen, die schreibende Hand.

4: Woher ich stamme und wo die Wurzeln meines We-

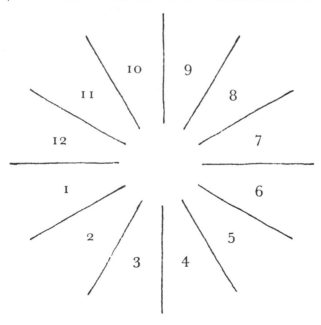

sens liegen; im Elternhaus empfangene Nestwärme, eigenes Heim und Eigenkultur, Verhältnis zum Heimatboden, letzte Selbstverwirklichung, Altersumstände.

5: Wie ich mich mit offenen Sinnen darlebe; Laune und Mutwille des Eros sowie auch seine Tücken; Steckenpferde, Spieltrieb, Vergnügungen; biologisch Kinder, künstlerisch das Werk, Menschenbildung im Kontakt mit dem Lebendigen, in diesem Sinn das Erzieherische.

6: Was auf der Grundlage des Erbguts arbeitsmäßig erreichbar ist; Nutzung der Begabungen und physischen Kräfte, Hygiene, Sport, Joga, automatisierte Leistungsformen und Verhältnis zu Hilfsmittel, Anpassung an Material und Mitarbeiter, Körperfunktionen und ihre Störung.

7: Wie ich mich im Zusammenleben verhalte; welche Art von Partner ich erwarte und welche Rolle ich ihm gebe beziehungsweise lasse; die vom Du gestellten Ansprüche und Aufgaben, kameradschaftlicher Umgang oder Auseinandersetzungen, Situationsmeisterung.

8: Wie ich zu den Dingen stehe, die etwas Gemeinsames vertreten und begründen; Opfer oder unfreiwillige Verluste, Leben auf Kosten anderer und Verwaltung oder Nutznießung fremden Gutes, arbeitsloses Einkommen; Einpassung in ein Team, in die Umweltsatmosphäre überhaupt, Transformation der Ichtriebe vor Werten, die ich nicht mir selber verdanke; Abbau der Lebensmaschine, Tod.

9: Woran ich glaube und was mir Vorbild oder des Lebens Leitlinie ist; Weltanschauung, Religion, Forschung, Auseinandersetzung mit den letzten Dingen, Anziehungskraft des Fremden, Auswanderung, Internationalität, Weltverkehr und globale Reisen.

10: Wo mein Weltstandpunkt liegt und wie ich ihn vertrete; Beruf, Öffentlichkeit, dementsprechender Ehrgeiz und seine Aussichten, Aufgabe im sozialen Raum und Wirkungsradius, politische Interessen, erworbener Name.

11: Was zeitgemäße Interessen begünstigt und dementsprechende Erfolge stützt; freundschaftliche Beziehung, Gönner, Mäzene, Verhältnis zum Geist der Epoche und zu humanitären Bestrebungen.

12: Was man mit sich allein vereinbart; Heimlichkeiten, Verdrängungen, Einwirkung schwer faßbarer Ursachen und verborgener Zusammenhänge, Massenereignisse; Exil, Gefangenschaft, in den Hintergrund geschoben werden oder freiwillige Einsamkeit, anonyme Arbeit an kommenden Dingen.

Karten können auch in Form des Lebensbaumes (s. S. 189) in der zahlenmäßigen Reihenfolge aufgelegt werden. Die gewählten Karten beziehen sich 1. auf geistige Probleme, 2. Initiativen, Verantwortlichkeiten, 3. Kummer und Begrenztheiten, 4. Konstruktive Faktoren, Geldangelegenheiten, 5. Widerstände, destruktive Elemente, 6. Liebe, Erfüllung, 7. Wille, der Ruf, 8. Geschäft, Kunst, Kommunikation, 9. Gesundheit, das Unbewußte, 10. Haus und Familie.

Kann man die gewählte Karte im Zusammenhang mit der Frage nicht klar interpretieren, so kann man noch eine weitere Karte hinzufügen.

Die Ausdeutung der Karten

Im Tarot gibt es keine eigentlichen Karten des Glücks und Unglücks; den Hexagrammen des altchinesischen I Ging vergleichbar, weisen die Karten Wege zum Verständnis und zur Lösung der Konflikte.

Zur allgemeinen Ausdeutung gilt das bei der Erklärung der einzelnen Arkana Gesagte (siehe dort). Betrifft die gestellte Frage vornehmlich unsere weltanschauliche Orientierung, so ziehen wir besonders die kosmologische Bedeutung zu Rate. Handelt es sich mehr um äußere Dinge, so kann uns wohl die alchemistische Ausdeutung weiterhelfen. Fragen, welche die Erziehung, die geistige und auch die materielle Entwicklung betreffen, werden vielleicht am besten durch die Bedeutung, welche die Freimaurer den Tarotkarten zuerkennen, erhellt. Bei Fragen, die das Religiöse, Transzendentale, die Mystik und Magie und die Geisteswissenschaften überhaupt betreffen, versuchen wir den Weg der Einweihung zu befragen. Am schwersten hält es, die richtige Deutung jener Karten, die das Negative besonders betonen, zu finden. So muß Karte XIII keineswegs den körperlichen Tod bedeuten, sie kann eine Wandlung und das dadurch bedingte Verschwinden der Leiden sein.

Zeigt die Quintessenz, das heißt die zuletzt gezogene Karte, bei sonst günstigen Karten einen negativen Bescheid, so hebt sie die günstige Aussage nicht auf. Sie warnt lediglich davor, alles im gewünschten Sinn zu deuten; sie will uns begreiflich machen, daß wir bei der Ausdeutung etwas übersehen haben, zum Beispiel eine Gefahr, die sich vermeiden läßt, wenn wir sie herausfinden. Die Warnungen geben vor allem über solche versteckte Gefahren und ungünstige Umstände Auskunft.

Die bei der Erklärung der einzelnen Arkana aufgeführten Angaben sollen nicht schematisch angewendet, sondern im Zusammenhang mit der gestellten Frage sinnvoll gedeutet werden. Dazu ist erforderlich, sich in den Text so lange zu vertiefen, bis man seinen Sinn intuitiv erfaßt hat und die erhaltene Antwort unmißverständlich klar wird. Nicht alle Menschen sind gleicherweise befähigt, Orakel zu erhalten. Eine der Vorbedingungen ist, den Gedankenfluß unterbrechen zu können, sich rezeptiv zu verhalten und die Auslegung nicht nach seinen Wünschen und Befürchtungen vorzunehmen. Das Geheimnis aller richtigen Deutung besteht in der Schulung und Disziplinierung der Einbildungskraft. Richtig sehen heißt richtig voraussehen.

Um einen Begriff vom unerschöpflichen Beziehungsreichtum der Tarotkarten zu vermitteln, habe ich bei jeder Karte verschiedene Deutungen aufgeführt, deren Auswertung nach folgenden Gesichtspunkten gegliedert wurde: zuerst wurden die transzendentalen, metaphysischen Bedeutungen aufgeführt; dann alles, was dem seelischen Bereich zugehört, wie Begabungen, Tugenden und Fähigkeiten; dann körperliche Befähigungen und Neigungen; und schließlich wurde die Warnung vor möglichen Fehlern beigefügt. Meine Tätigkeit als Psychologin und Graphologin war mir bei der Zusammenstellung der angewandten Ausdeutungen von Nutzen; sie erlaubte mir, die einzelnen Bedeutungen der ihnen zugrunde liegenden charakterologischen Struktur gemäß zu gliedern.

Beim Abfassen der Texte wurden sowohl die deutsche, die französische als auch die englisch-amerikanische Tradition berücksichtigt. Wie die bildliche Darstellung der einzelnen Karten können in den verschiedenen Überlieferungen auch ihre Reihenfolge und die Zuordnung der hebräischen Buchstaben zu den Bildern wechseln, ohne deswegen falsch zu sein: die verschiedenen Darstellungen und Zuordnungen beleuchten lediglich verschiedene Aspekte der Symbole. So wurde in diesem Text das Tau – der Lebensbuchstabe, der in seiner Kreuzesform alle erschaffenen Gegensätzlichkeiten umfaßt – dem einundzwanzigsten Bilde, der Welt, die auch Alles in Allem genannt wird, zuerkannt; das Shin, einer der drei Mutterbuchstaben des hebräischen Alphabetes – von denen der erste, das Aleph, die zeugende Aktivität, die Verursachung, der zweite, das Mem, die Einkleidung in die Materie, die Geburt, und auch ihren polaren Gegensatz, die Befreiung der Energie aus verhärteter Materie, den Tod, die Bewirkung, und der dritte, das Shin, den Geist und seine Hervorbringungen bezeichnet –, wurde dem schöpferischen Urgrund, der Null (o), dem Narren, zuerkannt.

Das Kapitel »Die Beziehungen der Arkana zueinander« basiert auf dem Werk von Oswald Wirth. Die Aufstellung »Astrologische Häuser« wurde von dem Kosmologen Thomas Ring für das hier vorliegende Buch aufgestellt. Die vorliegende Arbeit kann ihrer gedrängten Form wegen nur unvollständig sein; wer sich aber in ihren Sinn vertieft, findet einen Leitfaden zum Verständnis überlieferter Symbolik.

Im übrigen sei auf die Bibliographie am Ende des Buches verwiesen.

I   Der Gaukler
(Der Magier)   *Aleph*

»Gaukler« als aktives Prinzip, die Verkörperung jener Kräfte, die sich im gesetzmäßigen Kreislauf der Erscheinungswelt als Entfaltung, Begrenzung und Einfaltung, als Leben und Tod kundgeben; im negativen Aspekt Zerstörung durch Mißachtung der Gesetzmäßigkeiten. Der aufmerksame gerichtete Wille. Aus dem Zahllosen kommt die Zahl 1.

Allgemeine Bedeutung: Bewußtseinsprinzip, der Lebenshauch. Intuition, Aufmerksamkeit, Vater.
Im Bereich des Geistes: Das Absolute, das alle Möglichkeiten in sich birgt. Die Urbilder. Mensch, der das Naturgeschehen beeinflussen kann.
Im Bereich des Intellekts und Gefühls: Die Einheit als Prinzip der Aktion, das Wort.
Im Bereich der Körperhaftigkeit: Der Mensch als höchstes Wesen im Bereich der Relativität. Beziehung zwischen Selbst und Ego.

Kosmologische Bedeutung: Die Einheit, welcher der Gedanke entspringt, erzeugt das verwirklichende Wort; der mathematische Punkt ohne Ausdehnung schafft durch seine Bewegung alle geometrischen Figuren. Symbol: Die Zahl 1. Der Punkt, auf dem man Fuß fassen und nicht Fuß fassen kann; unter dem zeitlichen Aspekt gesehen der Augenblick, in dem Leben und Wesen eins sind.

Kabbalistische Bedeutung: Das Sein, der Geist, Mensch oder Gott. Die Einheit gebiert die Zahl. Die Ursubstanz. Aziluth, die Welt der ersten Emanation.

Alchemistische Bedeutung: Beginn des »Großen Werkes«.

Freimaurerische Bedeutung: Fähiger Bewerber, der um Aufnahme ersucht.

Weg der Einweihung: Suche geistige Unabhängigkeit, erringe sie durch unüberwindliches Wollen und Schweigen.

Psychologische Bedeutung: Der Jugendliche beginnt zu ahnen, daß ein Leben geplant, die nötigen Mittel erworben und die Zeit genutzt werden muß, und daß der Wert seiner Tätigkeit davon abhängt, was sein Wille erstrebt.

BILD

Die Krempe seines Hutes hat die Gestalt einer liegenden Acht, in der Mathematik das Zeichen der Unendlichkeit. Die linke Hand des Magiers weist nach oben: er kennt und beherrscht die ewigen Gesetze, denen alles Werden und Vergehen untersteht, er gebietet dem Himmel als dem Unmanifestierten. Die rechte Hand weist nach unten: er verwirklicht auf Erden, in der Welt des phänomenalen Geschehens, in der Welt der Verfestigung. »Was oben ist, ist wie unten«.

In der erhobenen Hand hält er den Stab, Zeichen der Befehlsgewalt, des männlichen Prinzips, des Willens, der Tat, der Macht und Würde. Auf dem Tisch, dessen drei sichtbare Beine die dreidimensionale Welt versinnbildlichen, sind drei Gegenstände:

der Pokal, das weibliche, formgebende und erhaltende Prinzip, die Ein-Bildekraft, Liebe, Schönheit, Weisheit und Gerechtigkeit; das Schwert mit dem Griff in Kreuzesform, die Vereinigung des männlichen und weiblichen Prinzips, die Vereinigung der Gegensätze; Wagemut, Begeisterung, Leidenschaft, Umgestaltung. Als drittes die Münze, Sinnbild der Materie, in welcher sich geistige Werte verkörpern, des Geldbesitzes, des äußeren Lebens, Handels und Verkehrs, auch des Volkes und der Geschlechtsstärke.

Stab und Pokal, Schwert und Münze symbolisieren die vier Elemente der Entfaltung: der Stab das Feuer, der Pokal das Wasser, das Schwert die Luft und die Münze die Erde. Auf den Menschen bezogen, bedeuten sie Wollen, Wissen, Wagen, Schweigen.

Die noch geschlossene Tulpe zu Füßen des Magiers bedeutet den Beginn der Initiation.

AUSDEUTUNG

Im höheren Sinn: Einheit, die sich im Ich widerspiegelt. Gleichmut. Fähigkeit und Kraft, mit den Elementen umzugehen. Die Zauberin. Rituale. Der Ur-Laut.

Im Profanen: Gedankenschulung, Überlegung zu Beginn einer Unternehmung. Selbsterkenntnis, Selbstbeherrschung, Selbstbewußtsein, Initiative, überlegte Risikobereitschaft. Unterscheidungs- und Urteilskraft, Zielbewußtsein, Verteidigungsbereitschaft. Eingehen auf die besonderen Merkmale einer Sache. Kombinationsleichtigkeit. Beherrschung nervöser Reaktionen. Vitalität, Diplomatie, Beredsamkeit, rasche überlegte Reaktion, Vorurteilslosigkeit, Phantasie, Hilfsbereitschaft. Stellt die Person des Fragenden vor.

Warnt vor: Überheblichkeit, Prahlerei, vor List und Lüge, Gaunerei und Scharlatanerie, vor Ausbeutung, Skrupellosigkeit, vor Streberhaftigkeit, Anmaßung, Unruhe, Aufwiegelung, leerer Betriebsamkeit. Vor Unachtsamkeit, auch in kleinen Dingen; vor unkonzentriertem Einsatz der Kräfte, unsorgfältiger Prüfung der Grundlagen, unglücklichen Unternehmungen, vor Neurasthemie und Obsessionen, vor Isolierung in einer Traumwelt. Streitigkeiten können in Tätlichkeiten ausarten.

Die Priesterin
(Die Hohepriesterin) *Beth*

Das Wort erschallt im leeren Raum, der ersten Emanation folgt die Zweiung. Aus dem Tao wird das Yin und Yang, zum Männlichen fügt sich das Weibliche, in dieser Form wohl Sophia, die unterscheidende Weisheit, die ja auch in der Gnosis als Emanation geschildert wird; sie soll unsere ersten Schritte zum Verständnis der Wirklichkeit, welche von der Erscheinungswelt zugleich gespiegelt und verschleiert wird, leiten. Die Hohepriesterin ist die feminine Entsprechung zum Magier, sie ist die Erwählte: als kosmische Prinzipien bilden sie ein spirituelles Paar. Während der Magier den Impuls zur Entfaltung des Universums auffängt und weitergibt, ist die Hohepriesterin die göttliche Liebe, die diesen Impuls hegt und pflegt. Ihr negativer Aspekt sind Haß, Tod, Unfruchtbarkeit, schwarze Magie, religiöser Blutterror, Fatalismus, Melancholie, Selbstmord.

Allgemeine Bedeutung: Das Unbewußte, das Gedächtnis, die Reflexion. Auszeugendes, austragendes, erhaltendes mütterliches Prinzip. Mensch, der die Geheimnisse der Natur verstehen und ausdeuten will.
Im Bereich des Geistes: Bewußtheit, Vergangenheit und Zukunft umfassend.
Im Bereich des Intellekts und Gefühls: Dualität, welche die Einheit spiegelt.
Im Bereich der Körperhaftigkeit: die empfangende Kraft ist der zeugenden ebenbürtig.

Kosmologische Bedeutung: Die Tätigkeit tritt in Erscheinung. Intellektuelles Begreifen setzt die Unterscheidung der Gegensätze voraus. Symbole: waagrechter Strich.

Kabbalistische Bedeutung: Das Heiligtum, das Haus Gottes und die Behausung des Menschen, Gesetz, Gnosis, Kabbala, die okkulte Kirche, Zweiheit, Frau und Mutter.
Beria, die Welt der himmlischen Sphären, Welt der Schöpfung.

Alchemistische Bedeutung: Die »Prima Materia« ist der an sich wertlose Stoff, der bearbeitet wird.

Freimaurerische Bedeutung: Das Wissen muß in sich selbst entdeckt werden.

Weg der Einweihung: Wahres Wissen entstammt nicht der Sinneswahrnehmung; der Geist, der sich selbst betrachtet, muß es im Inneren erwecken.

Psychologische Bedeutung: Die Mutter soll ihre Kinder geistig formen, sie aber auch freigeben. Ihre Aufgabe ist um so schwerer, als sie lebenslang an die Kinder gebunden bleibt und ihr Schicksal mitträgt.

BILD

Die Priesterin sitzt auf einem Sessel. Zwischen den zwei Säulen – das Paar der Gegensätze darstellend – ist ein Vorhang gespannt, der »Stoff«, auf den wir unsere Gedanken projizieren. Die rote Säule entspricht dem Feuer, der Vitalkraft, dem Schwefel der Alchemisten; die blaue der Luft, dem belebenden Atem, der Sensibilität, dem Quecksilber der Alchemie.

In der Hand hält die Priesterin zwei Schlüssel, Logik und Intuition, ohne deren Zusammenwirken das Buch des geheimen Wissens, welches die rechte Hand öffnet, nicht verstanden wird. Die Wirklichkeit kann nur von jenen geschaut werden, denen die Priesterin die Schlüssel anvertraut, diese deuten auf das Gleichgewicht der Gegensätze und auf ihre Gleichwertigkeit.

Auf ihrem Haupt trägt sie ein Diadem, es ist von der Mondsichel gekrönt: zum Schauen befähigt nur jene Einbildungskraft, die an den alchemistischen Lehren und der gnostischen Weisheit geschult wurde, um in den fließenden, sich ständig verändernden Formen das Urbild zu erfassen. Der rote Mantel der Priesterin bezeugt ihre schöpferische Kraft, ihr rechter Fuß ruht auf einem Kissen. Dieses stellt die geringen zuverlässigen Kenntnisse dar, die wir im Bereich des unergründlichen Geheimnisses erwerben können. Auf geistigem Plan vermittelt diese Karte neue Erkenntnisse, löst aber keine Probleme. Sie kann hilfreiche Intuitionen zur Entschlüsselung naturhafter Probleme begünstigen.

AUSDEUTUNG

Im höheren Sinn: Liebesfähigkeit, Weisheit, Glaube, religiöse und philosophische Kenntnisse, induktives Denken, Opferbereitschaft. Vertrauen auf Gott, die Vorsehung. Kenntnis des Verborgenen, Deutung der Vorzeichen. Die Seherin. Überlieferung der Rituale.

Im Profanen: Meditation, gutes Gedächtnis, Entspannung, Zurückhaltung, Beharrlichkeit. Gleichmut. Geduld, Mitleid, Bescheidenheit, Ruhm, Belohnung. Stabile Situation, Erkenntnis des Verborgenen. Sieg über das Böse. Gute Gesundheit.

Warnt vor: Untätigkeit, Träumerei, Wunschdenken, vor Verstellung, Täuschung, verborgenen Absichten, vor Schaden durch Unkenntnis oder mangelhafte Überlegung, vor Groll und Rachsucht, vor Phantasterei und irrealen Plänen, Indiskretion, vor Fanatismus und Unduldsamkeit, vor Verkrampfung, vor Rechthaberei, vor Gefahren, die ein forciertes Studium mit sich bringt, vor Fatalismus, irrigen Intuitionen, Verspätung, Stillstand, schwerfälliger Realisierung, vor morbider Skrupelhaftigkeit, vor Verlust des Lebensmutes, vor Verzweiflung, vor Selbstmord, vor Kälte des Herzens.

III   Die Herrscherin   ג

Ghimmel

Hier schließt sich das Dreieck zur Form: Mutter und Gefäß der intelligiblen Formen, der Bilder und der Ideen, ist sie der feinstoffliche Aspekt, das himmlische Wasser, das Meer der Ursachen, die alles durchdringende Lebenskraft. Positiv die beweglich-elektrische, anregende, negativ die magnetische, rezeptive Kraft. Ihr negativer Aspekt: Mangel an Sensitivität und Beweglichkeit. Unfruchtbarkeit.

Allgemeine Bedeutung: Auszeugende Formkraft, Weisheit und Irrtum. Fruchtbarkeit der dem Menschen anvertrauten Materie.

Im Bereich des Geistes: Macht und tätiges Wissen ergänzen sich. Gesetzmäßigkeiten im Zyklus der Jahreszeiten. Absichtslosigkeit.

Im Bereich des Intellekts und Gefühls: Hoffnung auf geistigem Plan. Anpassungsfähigkeit.

Im Bereich der Körperhaftigkeit: Taten, welche die Gesetzmäßigkeiten des Organischen anwenden, Leben als Wachstum, Transmutation der Materie. Fähigkeit der Natur, vorgeprägte Idealformen hervorzubringen.

Kosmologische Bedeutung: Die große Mutter. Im Geschaffenen drücken sich die Formtypen aus. Symbol: das empfangende Dreieck, das Winkelmaß (Ghimmel oder Gamma). ▽

Kabbalistische Bedeutung: Das Wort, die Dreiheit, die Fülle, die Fruchtbarkeit der Natur, die Zeugung.

Jezirah, die Welt der Engel und Geister. Welt der Ausgestaltung.

Freimaurerische Bedeutung: Empfangenes Wissen.

Alchemistische Bedeutung: Als Prinzip der Gestaltwerdung unterscheidet man Quecksilber (I), Schwefel (II) und Salz (III). Das Salz offenbart den festen Zustand der Prima Materia.

Weg der Einweihung: Erweitere deinen Horizont, um der Beschränktheit persönlicher Auffassungen zu entgehen.

Psychologische Bedeutung: Der Frau obliegt es, fürsorglich auf die angemessene Verwendung aller Wachstumskräfte zu achten, um den Ausgleich zwischen Anstrengung und Entspannung, Pflicht und Vergnügen, Zuwachs und Verausgabung, besorgt zu sein. Die Naturgesetze müssen auch im Leben befolgt werden.

BILD

Um die Unwandelbarkeit der intelligiblen Formen auszudrücken, wird die Herrscherin von vorn, in hieratischer Haltung, dargestellt. Ihre Herrscherattribute sind Krone und das weltbeherrschende Zepter. Der Mond zu ihren Füßen zeigt ihre Dominanz über die sublunare Welt.
Zwölf Sterne, von denen neun sichtbar sind, umgeben ihr Haupt. Sie weisen auf die zwölf Tierkreiszeichen hin und deuten auf den Ablauf der Jahreszeiten, welche die Fruchtbarkeit der Natur regeln. Die Flügel deuten auf den Wind, der zur Befruchtung unerläßlich ist.
Die Lilie zu ihrer Linken deutet auf Reinheit, Güte, Schönheit. Das rote Kleid weist auf die Gedankentätig-

keit hin, die zum Verständnis führt, der blaue Mantel auf empfangsbereite Aufgeschlossenheit.

AUSDEUTUNG

Im höheren Sinn: Intelligenz, induktives Denken, schöpferische Einbildungskraft, Befähigung, sich abstrakte Konzeptionen vorzustellen. Einfluß der Idee auf die Form. Brücke zur Intuition und logischem Denken. Die Große Mutter. Macht und Wissen. Reich des Wunsches, der Form, des Formlosen.
Im Profanen: Liebe zur Sache, Aufgeschlossenheit, Bildung, Gelehrsamkeit, Studium, Ausdauer, Anstrengungsbereitschaft. Beobachtung, Genauigkeit. Behutsamkeit, Sanftheit, Liebenswürdigkeit, gute Umgangsformen. Reichtum, Freigebigkeit, Fruchtbarkeit. Zutreffendes Abschätzen der praktischen Möglichkeiten, sachgemäße Verwendung des Materials. Seelisches Gleichgewicht. Änderung und Verbesserung der Situation. Bei Frauen alles, was sich auf die Ehe bezieht. Freude und Tragik der Geburt. Bei Männern Reisen. Bei beiden Unterstützung durch Freunde.
Warnt vor: Prunk, Verschwendung, Großsprecherei, Eitelkeit und Pose, vor Verführung. Vor falscher Einschätzung des Zeitpunktes und der Situation, vor Wankelmütigkeit in der Zielsetzung und unüberlegtem Wechsel der Dispositionen, vor Eigensinn, der zu lange an der eigenen Meinung festhält oder bereits getroffene Dispositionen durchkreuzt. Vor Nichtbeachtung der Gefahren und Tollkühnheit, vor Urteilslosigkeit, Oberflächlichkeit und Voreiligkeit, vor Diskussionen auf allen Gebieten, Unklarheit, Verzögerung eines unvermeidlichen Geschehens, vor Naturkatastrophen.

IV   Der Herrscher
Daleth

Durch die allem Sein innewohnende Gesetzmäßigkeit regiert der Herrscher sein sichtbares und unsichtbares Reich. Er nimmt die Beschwerden seines Amtes aus Liebe zu den Menschen auf sich. Herrscher und Herrscherin werden als ein harmonisch verbundenes, zeugungsfähiges Paar gesehen. Sein negativer Aspekt: Tyrann, Usurpator, Krieg, Abschreckung, Atombombe.

Allgemeine Bedeutung: Ordnung, Vernunft. Bewirkung. Materielle Energie, die der Mensch braucht, um sein vergängliches Werk zu schaffen.
Im Bereich des Geistes: Virtuelles wird aktuell. Magie des Wortes.
Im Bereich des Intellekts und Gefühls: Konzeptionen werden praktisch verwendbar. Ganzheitliches Verständnis.
Im Bereich der Körperhaftigkeit: Zeugung und Austragung. Taten, welche die Gesetze der Wahrheit, Gerechtigkeit und Willensstärke in allen Bereichen vollziehen. Opfermut. Die vier psychischen Funktionen, die vier Stadien der Evolution: gerichtete Kraft, Tat, Wort, Bedeutung.

Kosmologische Bedeutung: Die empfangende Weisheit vermählt sich dem Weltenordner. Symbole: das Dreieck mit dem Auge im Mittelpunkt; das Zeichen des Schwefels.

Kabbalistische Bedeutung: Die Hohe Pforte bei den Orientalen, die Initiation, die Regierungsgewalt, das Tetragrammaton, der kubische Stein oder die Basis. Asija oder Asia, die Welt der Erscheinungen, die materielle Welt der Verfestigung.

Alchemistische Bedeutung: Der Schwefel – Prinzip der zentralen, feurigen Bildekräfte – verleiht den Dingen Beständigkeit; er setzt sich in Lebenswärme um.

Freimaurerische Bedeutung: Von idealen Höhen auf das Feld der Tätigkeit gestürzt, formt der Lehrling normgemäß den Stein zum Kubus.

Weg der Einweihung: Erkenne dich und befiehl dir selbst, wende das Erkannte in der Tat an.

Psychologische Bedeutung: Vom Herrscher wird gefordert, daß er frei von innerem und äußerem Zwang Entscheidungen trifft, welche menschliche und soziale Beziehungen regeln; um den Gegebenheiten den gebührenden Platz zuweisen zu können, muß er sich selbst beherrschen, muß frei von Zuneigung und Abneigung sein.

BILD

Die unseren Sinnen offenbaren und nicht offenbaren Welten werden durch die beiden Kronen des Herrschers dargestellt. Mit dem Haupte bilden die Arme ein Dreieck, die beiden sich kreuzenden Beine deuten, als Diagonale gesehen, eine Wiederholung der kubischen Form des Thrones an. Gedanke (I), Wort (II) und Geist (III) regieren die materielle Schöpfung (IV), die sich in der Vierzahl darstellt als das Prinzip der Verfestigung, des manifestierten Weltalls mit seinen vier Himmelsrichtun-

gen, Elementen und Jahreszeiten. Die Zahl IV stellt die Polarität und das Gleichgewicht von Aktivität und Passivität dar. Wenn sie sich aus 3 + 1 ergibt, bedeutet sie Aktivität, Bewegung; setzt sie sich aus 2 + 2 zusammen, zeigt sie Stillstand an, Dominanz der Materie.
Der Thron ist viereckig. Im Gegensatz zum Dreieck, das dem Himmel verwandt ist, weist das Quadrat auf die sich nach den vier Himmelsrichtungen erstreckende Materie hin. Diese Form, die Festigkeit und Dauerhaftigkeit verbürgt, versinnbildlicht auch die Ungeteiltheit des Raumes in seiner Beschränkung durch die Form. Sie stellt den alchemistischen »Stein der Weisen« dar und bezieht sich auf die Individuation, das Erreichen der Meisterschaft.
Der schwarze Adler des Wappenschildes symbolisiert die in die Materie herabgestiegenen, von ihr umschlossenen und durch Ichbezogenheit verdunkelten seelischen Kräfte.
Die Weltkugel in seiner Linken ist das Zeichen seiner allumfassenden Herrschaft, sie stellt die Lebenskraft dar, die alles durchdringt; das Zepter in der Rechten das unveränderliche Gesetz, das allem Wechsel, allem Werden und Vergehenden – durch den Halbmond angedeutet – gebietet. Die heraldische Lilie seines Zepters stellt die goldene Blüte dar, die Einheit von Wesen und Leben. Die sieben Formen des Zepters weisen auf die sieben Körper hin. Das Wesen des Göttlichen drückt sich in dessen gesetzhaftem Wirken aus und wird dargestellt durch die geflochtene Halskette und das rote Kleid. Jeder Willkür bar, gestattet die Gesetzmäßigkeit die Entfaltung der jedem einzelnen innewohnenden Möglichkeiten: zu Füßen des Herrschers blüht die auf Karte I noch geschlossene Tulpe.

AUSDEUTUNG

Im höheren Sinn: objektive Welt, Gesetz, Erhabenheit. Barmherzigkeit, Gnade, Güte, Nächstenliebe, aktive Hilfsbereitschaft, Langmut, gutes Gedächtnis. Gedankenbereich, dessen Weite und Tiefe ausgelotet wurde. Der Wille, Grenzen zu setzen, Kontrolle, Festlegung, Stillstand, Erstarrung. Die männliche Kraft in der Frau.

Im Profanen: Autorität, Energie, Macht, Recht, Beharrlichkeit, Strenge, Festigkeit, Konsequenz, Genauigkeit, zutreffende Begriffsbestimmungen. Die vier psychologischen Funktionen. Verborgene hilfreiche Kräfte. Einflußreicher Beschützer. Möglichkeiten, welche die Ausführung von Projekten begünstigen, günstige Umstände, sachgerechte Arbeit. Friede, Zusammenhalten, Harmonie der Gefühle. Unterzeichnung von Kontrakten, Zusammenlegung kommerzieller Unternehmung. Gute Gesundheit. Körperschaften. Juristische Personen.

Warnt vor: Willkür, Ungerechtigkeit, Despotismus, Brutalität, vor Schmeichelei und Erbschleichern, vor Unbeherrschtheit und schwächlicher Nachgiebigkeit: vor Uneinsichtigkeit, Unberechenbarkeit, zäher Gegnerschaft, verzögerten Absichten und Unternehmungen; vor unerwartet ungünstigen Resultaten und Verlusten. Vor politischer Willkür, korrupten Beamten; warnt auch vor Sturm, Flut, Schiffbruch und Naturkatastrophen. Vor Verwüstung der Welt durch Profitdenken, vor Härte des Herzens, krampfhaftem Festhalten an der Jugendlichkeit, Polemiken statt realpolitischer Verhandlung, vor Krieg, chemischen Waffen, Atombombe.

V — Der Priester
(Der Hohepriester)
ה He

Diese Figur weist verschiedene Parallelen zur Karte II auf; die Idee, die dort als an sich existierend erschien, ist hier im Menschen verkörpert. Schlüssel und Vorhang deuten auf den geheimen Weg, der hier gewiesen wird. Negative Bedeutung: Dogma. Einschränkung oder Aufhebung der individuellen Urteilsfähigkeit durch konventionelle Frömmigkeit und Moralität.

Allgemeine Bedeutung: Spirituelle Autorität, mündliche und schriftliche Belehrung, religiöse Kenntnisse. Verpflichtung für den Menschen, seine Taten in Übereinstimmung mit dem göttlichen Gesetz zu bringen. Es sind die materiellen Energien, die seinen Taten die Realität des Augenblicks geben. Im Bereich des Geistes: Universelle Gesetzmäßigkeit als Richtschnur aller Tätigkeit.
Im Bereich des Intellekts und Gefühls: Religiosität als Beziehung zwischen dem Absoluten und Relativen, zwischen Ewigem und Zeitlichem.
Im Bereich der Körperhaftigkeit: erkenntnisgemäßes Handeln.

Kosmologische Bedeutung: Durch Achtsamkeit lernen wir Gutes und Böses unterscheiden, begreifen die Pflicht als Ausdruck des moralischen Gesetzes; durch Bewußtwerdung gelangen wir in den Besitz unseres Selbstes. Symbol: das Pentagramm.

Kabbalistische Bedeutung: Gesetz, Religion, Philosophie, Unterweisung in der Lehre, Beweisführung.

Alchemistische Bedeutung: Das Quecksilber, das alles mit machtvoller, lebensspendender Kraft durchzieht, unterliegt der zusammenziehenden Wirkung des Schwefels, dessen Feuer es unterhält.

Freimaurerische Bedeutung: Ohne theoretische Unterweisung kann niemand die Werkzeuge richtig gebrauchen.

Weg der Einweihung: Höre auf andere, aber höre auch auf deine innere Stimme; denke nach, um zu verstehen, was sie dir sagen will.

Psychologische Bedeutung: Der religiös inspirierte Mensch ist berufen, Schülern traditionelles Wissen, das Verständnis wie die Begründung moralischer Gebote und Verbote zu vermitteln, ihr Formgefühl durch religiöse Riten zu bilden.

BILD

Der Priester, die beiden grünen Säulen – sie stellen die lebendige Glaubenstradition dar – und die beiden knienden Schüler (Theologie und Mystik) bilden ein Pentagramm, das heilige Fünfeck, das Zeichen des Menschen als Mittler zwischen Gott und Universum. Es setzt sich zusammen aus Notwendigkeit – Wissen – Freiheit – Gesetz – Handlung und ist das Symbol der fünffachen Ganzheit, des Menschen als Gottes Ebenbild, der Vereinigung der Elemente mit dem Äther, dem Geiste.

Die dreifache Tiara deutet auf die Herrschergewalt des Priesters über die drei Welten: Körper – Seele – Geist. Das Zepter des Priesters weist auf seine Autorität in

Glaubensdingen hin: auch auf die Opfer, die sie erfordern. Die weißen Handschuhe deuten an, daß er sich nicht in weltliche Angelegenheiten mischt. Die beiden Figuren deuten die zwei Möglichkeiten geistiger Entwicklung an. Das achtendige Kreuz ist das Zeichen priesterlicher Gewalt, zu binden und zu lösen.

AUSDEUTUNG

Im höheren Sinn: subjektive Welt, verstehender Glaube, credo ut intelligam, innere Gewißheit, mündliche Überlieferung, religiöse und philosophische Weisheit. Tätigkeitsbereich der Intelligenz. Opposition der Gegensätze. Organisation und Austausch spiritueller Kräfte, die materielle Struktur der Rituale. Erhaltung, Verfestigung, Zwang. Fünfeck als Symbol der Materialisierung, die Grundfeste.

Im Profanen: religiöse Unterweisung und treffende praktische Beratung. Herzensfrömmigkeit, Meditation, Gebet. Ehrfurcht, Güte, großherzige Toleranz. Milde, Sanftmut, nachsichtige Bereitschaft, Fehler zu verzeihen. Beachtung des Anstandes und der üblichen Formen.

Warnt vor: theoretischer und praktischer Unduldsamkeit, vor Prinzipienreiterei, vor Verstellung und Schwulst, vor unsachgemäßer Beratung. Vor Rachsucht, vor Anwendung erworbener Fähigkeiten zum Schaden anderer. Vor Untätigkeit, Läßlichkeit bei der Ausübung der Pflicht, vor Faulheit. Vor schwarzer Magie.

VI   Die Entscheidung
(Die Liebenden)   *Vau*

Andere Bezeichnungen dieser Karte lauten: die Entscheidung, der Scheideweg, die Wahl, die Schönheit. Die Entscheidung ist noch möglich, die Richtung nach oben und unten, nach links und rechts steht offen; diese doppelte Möglichkeit wird durch die beiden ineinandergeschlungenen Dreiecke, die Zahl sechs, angedeutet.

Die getroffene Wahl verpflichtet den ganzen Menschen, sie bestimmt seine weltanschauliche Orientierung, sie sollte aus der Tiefenlage des Bewußtseins stammen. Selbstprüfung.

Sechs ist die Zahl der Vollständigkeit. Gott schuf die Welt in sechs Tagen. Sechs kann auch als 1 + 2 + 1 + 2 gelesen werden. Diese Zahlenordnung betont das gemeinsame Wirken des männlichen, aktiven, und des weiblichen, passiven, Prinzips; die involutive und evolutive Bewegung auf erdhafter und geistiger Ebene werden durch den Jüngling und den Engel dargestellt.

Allgemeine Bedeutung: Unterscheidung, wechselseitige Beziehung, Zuordnung, Gedankenformen müssen in widersprüchlichen Erfahrungen dinghaft und faßbar gemacht und durch liebevolles Begreifen zum harmonischen Einklang gebracht werden. Verlangen des Men-

schen nach harmonischer Übereinstimmung mit dem Unendlichen.
Im Bereich des Geistes: Gut und Böse, Liebe und Haß.
Im Bereich des Intellekts und Gefühls: Gleichgewicht zwischen Notwendigkeit und Freiheit.
Im Bereich der Körperhaftigkeit: Die Verkettung von Ursache und Wirkung. Schicksal.

Kosmologische Bedeutung: Seiner selbst bewußt geworden, hat der Mensch freie Wahl zwischen zwei Wegen: der Strenge der Pflicht oder den Annehmlichkeiten des Lebens. Symbol: der Buchstabe Y, beliebt bei den Schülern des Pythagoras.   Y

Kabbalistische Bedeutung: Verkettung, Haken, Lingam, Verwicklung, Vereinigung, Kampf, Umarmung, Widerstand, Verbindung, Gleichmut.

Alchemistische Bedeutung: Auf zwei verschiedenen Wegen kann das philosophische Gold gefunden werden, durch Pflege des Verstandes, Erwerbung vertieften Wissens oder durch die Wahrhaftigkeit vertrauensvoller Liebe.

Freimaurerische Bedeutung: Die gewählte Richtung beschließt in sich die Zukunft.

Weg der Einweihung: Wer keine Anstrengung scheut, wählt den schwereren Weg; wer das Leiden flieht, dessen Weg führt ins Nichts.

Psychologische Bedeutung: Die erste selbständige Entscheidung lockert kindliche Verhaftungen. Die weitere Entwicklung hängt davon ab, ob die Entscheidung frei von innerem und äußerem Zwang getroffen wurde, ob die Gefühle nicht den Verstand übertönten.

BILD

Ungewiß über die einzuschlagende Richtung steht ein Jüngling zwischen zwei Frauen. Die Frau zu seiner Rechten, in Blau gekleidet, symbolisiert die vergeistigte Liebe, die Weisheit; diejenige zu seiner Linken, in orangem Kleid, die Sinnlichkeit, das Trieb- und Instinkthafte. Das gestreifte Kleid des Jünglings verrät seine Unsicherheit. Um die Entscheidung zu treffen, muß der Wille gestählt werden, wie das der gespannte Bogen andeutet. Er deutet auch auf die Sexualunion.

Die Symbolik dieser Karte schließt die Vertreibung aus dem Paradiese ein. Adam mußte zwischen dem Gehorsam gegen Gottes Gebot und dem Ungehorsam wählen. Durch seinen Ungehorsam kam der Tod, die Trennung in die Welt. Im Paradiese fühlten Adam und Eva sich eingebettet, geborgen in der Harmonie der Ganzheit; die Vertreibung aus dem Garten Eden zeigt den Menschen, der sich nun als selbstverantwortliche Individualität erlebt. Durch leidvolle Erfahrung muß er lernen, Gegensätzlichkeiten als identisch zu begreifen und anzunehmen. Er muß sich auf sich selbst besinnen, um die richtige Wahl zu treffen, er muß lernen, zu lieben und sich selbst zu vergessen. Die Wahl entscheidet über ein erfülltes oder unglückliches Leben.

Die Entscheidung bestimmt die Orientierung des Willens und hat kosmische Gültigkeit in bezug auf die Grundprinzipien des Universums.

Die »Arbeit auf dem Felde« erlaubt ihm, der Natur seinen Lebensunterhalt abzubringen und die eigene Wesenhaftigkeit zur allumfassenden Liebe zu erweitern.

Die zwölfstrahlige Wolke, die Cupido trägt, erinnert an die zwölf Sterne von Karte III. Hier wie dort wirken die Grundprinzipien des Universums. In Karte VI bedeutet

sie in bezug auf den Menschen den Verlust der Erdenschwere, aber auch durch Liebe verhüllte Klarsicht.
Die drei Personen stellen den Sephirotbaum als Symbol von Kräften und Gegenkräften dar.
Der Zusammenhang der ersten sechs Karten ist folgendermaßen zu lesen: I das denkende Prinzip, II der Akt des Denkens, III Idee, Konzept, IV wollendes Prinzip, V Akt des begreifenden Wollens, VI Willensentschluß.

AUSDEUTUNG

Im höheren Sinn: Kampf zwischen höherem Wollen und Leidenschaft. Sensibilisierung. Der Mut, mit überlieferten Mustern und gefühlsmäßigen Bindungen zu brechen, ermöglicht neues Leben; Liebe zu schönen Formen. Auslotung des Gefühlsbereichs nach seiner Weite und Tiefe. Feuer der Leidenschaft, Wasser der Spiritualität. Fließende Formen, erotische Freundschaften.

Im Profanen: geistige und sinnliche Liebe, Willensfreiheit, Wahl Aufrichtigkeit, Verantwortlichkeit. Sorgen für andere, Heirat, Geschlechtsverkehr.

Warnt vor: Niederziehenden Wünschen, Weichlichkeit, zu großer Nachgiebigkeit gegen sich selbst, vor dem Erliegen einer Faszination. Ersetzen einer Abhängigkeit durch eine andere. Vor Zweifeln, Zaudern und Zögern, vor Zerstreutheit, aber auch vor überstürzten oder hastig durchgeführten Entschlüssen. Vor Aggression, Aufzwingen oder gewaltsames Durchsetzen des eigenen Willens. Ehestreitigkeiten, Ratlosigkeit, Verlegenheit. Scheidung, Frigidität oder Impotenz, Geschlechtskrankheiten. Vor Gesundheitsschädigung durch Unmäßigkeit, vor dem Sichgehenlassen.

VII   Der Wagen   ז
(Der Triumphwagen)   *Zain*

Krone und Zepter des Wagenlenkers lassen in ihm die höheren Prinzipien der Persönlichkeit erkennen, Synthese der Prinzipien der Entfaltung (I) und ihrer Lenkung (IV). Die Welt wird der Vollkommenheit entgegengeführt.

Sieben kann auch als zusammengesetzt aus 3 + 3 + 1, als Aktivität und Zuständlichkeit, aufgefaßt werden. Die erste, materielle Dreiheit wird vom Wagen und den Pferden gebildet, die zweite, geistige, vom Wagenlenker und dem Sonnenzeichen. Das Zepter versinnbildlicht die Einheit des Geschehens, die Möglichkeit, die Richtung der Fahrt zu bestimmen, die Bewegung zu unterbrechen oder zu wiederholen, sie zu beschleunigen oder zu verlangsamen.

Allgemeine Bedeutung: Empfänglichkeit, Gleichgewicht, Meisterschaft, Triumph. Das Leid ist notwendig, damit der Mensch spirituelle Einsichten erlangt und lernt, seine Leidenschaften zu beherrschen.
Im Bereich des Geistes: Sieg der geistigen Beweglichkeit über geistige Trägheit.
Im Bereich des Intellekts und Gefühls: Gleichgewicht zwischen intellektuellen und emotionellen Kräften.

Im Bereich der Körperhaftigkeit: Sieg der Anstrengung über das Beharrungsvermögen. Eroberung, Macht, Individuation, Neuorientierung oder Desorientierung.

Kosmologische Bedeutung: Der Wagen stellt das Organisch-Bewegte dar, die Pferde die Triebkräfte, die Räder die Aktivität, die Zügel die Gedanken. Lenker des Gefährtes ist das Selbst. Symbol: das lothringische Kreuz.

Kabbalistische Bedeutung: Das flammende Schwert des Cherubims, Waffe, Speer, heilige Siebenzahl, Triumph, Königtum, Priesteramt.

Alchemistische Bedeutung: Nur Planmäßigkeit führt zum Ziel. Der Wagen ist der Triumphwagen des Antimon.

Freimaurerische Bedeutung: Der Eingeweihte unterwirft sich dem Winkelmaß, das der Meister ausgewählt hat; der erwählte Meister weiß aus dem Aufeinanderprall gegenteiliger Meinungen unparteiisch die Wahrheit zu enthüllen.

Weg der Einweihung: Wandle festen Herzens in der erwählten Richtung. So du dich zu leiten vermagst, kannst du auch die verschiedenen Kräfte leiten, die dich auf deinem Weg weiterführen.

Psychologische Bedeutung: Die getroffene Entscheidung vermehrt oder beschränkt die Bewegungsfreiheit auf allen Gebieten. Der Ausgleich zwischen Selbstbehauptung und Anpassung schafft eine tragfähige Lebensbasis.

BILD

Im Unterschied zum Herrscher (IV), der unbeweglich auf seinem Thron verharrt, durcheilt der Lenker des Wagens die Welt. Es ist der Sieg der Bewegung, des Angriffes und Ausgriffes über die Unbeweglichkeit – und ein Hinweis auf die Anstrengung, die damit verbunden ist. Die viereckige Form des Wagens deutet auf ein ganzheitliches Geschehen, auf die körperliche Erfahrung des Raumes durch Bewegung. Damit ist die Möglichkeit zur Erweiterung des Bewußtseins gegeben: es gewinnt die nötige Distanz, um Tatsachen zu objektivieren, es entrinnt dem geisttötenden Einerlei des Gewohnten und kann durch überraschende und zufällige Einblicke seinen Standpunkt verändern.
Auf eine Entwicklung des Bewußtseins im unbekannten Raume, auf intuitives Erfassen deuten auch die Räder, die den Boden im Rollen wie im Stehen stets nur an einem Punkte berühren; sie versinnbildlichen ebenfalls die vier Lebensalter und alle Vierheiten.
Die Sonne über dem Haupt des Wagenlenkers weist auf die Unparteilichkeit, mit welcher der Wagen geradeaus gelenkt werden muß, der Halbmond auf den Schultern meint die Herrschaft über alles Emotionelle, Fließende, Ab- und Zunehmende, über die Bewegungen des Herzens, über jene feinstofflichen Kräfte, die das Bewußtsein in ekstatischen Zuständen über sich hinausheben.
Die Sterne auf dem blauen Baldachin und die geflügelte Scheibe deuten an, daß das Weltall an dieser Evolution teilnimmt.
Gegen jede Einseitigkeit schützt ihn das Winkelmaß auf seiner Rüstung, die auch den Unterleib deckt: die Triebsphäre.

Die beiden Pferde sind schaffende und zerstörende Kräfte; Aufgabe der wegweisenden Intelligenz ist es, beide Mächte, die helle und die dunkle, im Dienste des Werkes anzuschirren, anzujochen. Sich selbst überlassen, würden sie sich befehden.

Sein Zepter, ein Dreieck im Viereck, die Zerlegung der Sieben in ihre Summanden, zeigt den im Körper eingeschlossenen Geist. Von einem Kreise umrahmt, bedeutet es: in Ewigkeit ist Gott in seiner Schöpfung.

AUSDEUTUNG

Im höheren Sinn: Das Irdische muß durch Aussöhnung der Gegensätzlichkeit gemeistert werden, damit die höheren geistigen Phasen der Entwicklung erreicht werden können. Spiritualisierung der Aktivität. Rätsel und Enthüllung. Der Weg ins Ungewisse, Wunsch, Wille, Durchführung, Zweifel, Verwirrung, Illusion. Die kämpferische Frau.

Im Profanen: Gleichgewicht zwischen Denken und Fühlen, Talent für Formgestaltung, Empfänglichkeit für Philosophie und Kunst, Herstellung innerer und äußerer Harmonie in der Lebensgestaltung, Festigkeit, Entschlossenheit, emotionale Belastbarkeit und Durchhaltefähigkeit, Takt, Höflichkeit, Konzilianz, soweit durch die Umstände gerechtfertigt. Äußerer Erfolg durch weitsichtige Planung und auch Schnelligkeit wie Präzision der Durchführung. Erreichen einer führenden Stellung, aber auch Erreichen einer höheren geistigen Stufe, die geistige Reife, unabhängig vom Kollektiv persönliche Ansichten zu vertreten. Geldgewinn durch Handel und Anlageplanung. Überraschende Nachricht, unvorhergesehene Zwischenfälle. Wortgewandtheit. Überzeugungskraft. Ausgaben oder Gewinn, Ankauf-Verkauf. Unerwartete Nachricht. Eroberung. Propaganda, Verleumdung. Möglichkeit eines Verkehrsunfalls, gute Gesundheit.

Warnt vor: Mangel an Lebensplanung, an Festigkeit oder Zielgerichtetheit und Konstanz des Willens bei auftretenden Schwierigkeiten, Nachlässigkeiten, Zerstreutheiten bei der Durchführung des Geplanten. Talentmangel, Unfähigkeit. Vor starrem Festhalten am Gewohnten, Mangel an Umstellungsfähigkeit bei Unvorhergesehenem. Vor Inkompetenz, Unverträglichkeit, Streitsucht und Nachträgerei, vor undiplomatischem Verhalten. Zeigt Zwischenfälle, Streit und Feinde an.

VIII Die Gerechtigkeit
Cheth

Bedeutet schon der Herrscher (IV) ein Ausgespanntsein nach den Richtungen der Gegensätze, so sind hier Spannung und gesetzmäßige Festlegung in der Verknüpfung von Ursache und Wirkung noch betonter.

Allgemeine Bedeutung: Gleichgewicht, Handlung, Arbeit.

Im Bereich des Geistes: Das Gewissen des Menschen beurteilt seine Taten an deren Folgen. Göttliche Gerechtigkeit, Ausgleich der Gegensätze.

Im Bereich des Intellekts und Gefühls: Ausgleich zwischen tragenden und dynamischen Kräften, zwischen Emotionalität und Vernunft, zwischen absoluter und relativer Wahrheit, zwischen Illusion und Realität.

Im Bereich der Körperhaftigkeit: menschliche, beschränkte Gerechtigkeit, Aufrechterhaltung der sozialen Ordnung. Verantwortlichkeit. Kausalität.

Kosmologische Bedeutung: Jeder arbeitet in seinem Bereich; um aber gemeinsam zu bauen, müssen wir die Regeln des Architekten beachten: Ordnung, Dauerhaftigkeit und Harmonie sind nur möglich, wenn alle Teile im Gleichgewicht sind. Symbole: das doppelte Viereck (das primitive Cheth), aus dem die Zahl Acht stammt.

Kabbalistische Bedeutung: Waage, Anziehung und Abstoßung, Leben, Schreck, Versprechen, Bedrohung.

Alchemistische Bedeutung: Die alchemistische Kunst unternimmt nichts, was der unwandelbaren Naturordnung zuwiderläuft, sie vermeidet Willkür und Phantasterei.

Freimaurerische Bedeutung: In der alles umfassenden Ordnung ist jeder verpflichtet, seine Arbeit zu tun.

Weg der Einweihung: Wünsche nur, was gerecht ist; lebe nach dem Gesetz und du wirst im Gleichgewicht sein.

Psychologische Bedeutung : Um seinem Leben eine feste Richtung zu geben und sein Handeln samt dessen Folgen richtig einzuschätzen, muß der Mensch auf die Stimme seines Gewissens hören.

BILD

Die Gerechtigkeit erinnert in Haltung und Kleidung an die Herrscherin (III). Sie hält Waage und Schwert, fällt ein ausgewogenes, gerechtes Urteil; ohne Ansehen der Person scheidet sie Wahres vom Falschem, Echtes von Unechtem.

Keine Übertretung des Gesetzes bleibt ungeahndet, unnachsichtig wird das Urteil durchgeführt, um das gestörte Gleichgewicht wieder herzustellen.

Weil die Gesetze der Materie hier zur Anwendung gelangen, wird die Figur ohne Flügel dargestellt; sie kann sich nicht über die Materie hinwegheben. Ihre Krone trägt das Sonnenzeichen: Das Prinzip der Ordnung und Organisation weist jedem Ding den ihm gebührenden Platz zu. Erkenntnis der Wahrheit befreit von Furcht und Zweifel.

Ihre passive, rezeptive Haltung gibt an, daß die Ergebnisse unseres Handelns von seiner Übereinstimmung mit den grundlegenden Gesetzmäßigkeiten, der wahren Natur der Dinge, abhängen.

Die beiden Schalen der Waage weisen auf den notwendigen Ausgleich zwischen Aktivität und Passivität, Wachen und Schlaf, Exaltation und Depression, Ausdehnung und Zusammenziehen hin.

Die beiden Pfosten zeigen den durch Geburt und Tod begrenzten Bereich der Tätigkeit.

AUSDEUTUNG

Im höheren Sinn: Ordnung und Harmonie der Dinge, Verkettung von Ursache und Wirkung, Gesetzmäßigkeit der Folgen. Ursprüngliche Harmonie, das Gleichgewicht. Recht wird ohne Angst, ohne Zuneigung oder Abneigung gesprochen. Bestrafung kann neue Ziele erstehen lassen.

Im Profanen: Verständnis für das Gewicht einer individuellen Erfahrung, persönliche Gerechtigkeit, Obrigkeit, Unparteilichkeit des Urteils, Gesetzmäßigkeit, Methodik, Unerbittlichkeit der Folgen, Unbestechlichkeit, genaue Unterscheidung in der Anwendbarkeit geeigneter Mittel, Urteilssicherheit, Entschlußfähigkeit, brauchbare Einfälle. Ausgewogenes Urteil. Gedächtnis, Logik, Planmäßigkeit, Beobachtung, Genauigkeit. Anziehung und Abstoßung, Belohnung und Bestrafung. Richter, Administrator, Geschäftsführer, schlauer Advokat, der die treffende Bemerkung im richtigen Moment macht. Konservative Anschauungen, Angst vor eigener Initiative, Beachtung von Notwendigkeiten im täglichen Leben und in den sozialen Beziehungen. Ökonomie.

Warnt vor: Ungenauer Erfüllung eingegangener Verpflichtungen, vor Überschätzung des persönlichen Einflusses. Unwissenheit, unvollständiger Information, Vorurteilen oder Identifikationen, einseitiger Beurteilung der Lage. Ungerechtigkeit, Unentschlossenheit, Wankelmut, vor Konventionalität, vor blinder Autoritätsgläubigkeit und Routiniertheit, vor Maßlosigkeit. Vor Schikanen, Beanstandungen, Prozessen, vor ungerechtfertigten Taxen und Honorarforderungen. Vor Beschränkung der Bewegungsfreiheit, Spital, Hypochondrie, Gefängnis. Vor Überschreitung der Grenzen, vor unpassendem Verhalten. Gesundheit, Vollblütigkeit.

IX   Der Weise ט
(Der Eremit)

Teth

Der Punkt (I) funkelt nun als zentrales Licht in dem sich gleichmäßig nach acht Seiten erstreckenden Raum und erleuchtet ihn, wenn auch nur in bescheidenem Umkreis; er erhellt nur ein Stück des Weges. Vielleicht dürfen wir dieses Licht als Bewußtsein deuten, das sich beim Übergang von einem Zustand in den anderen (Wach-Schlaf-Zustand) verschleiert; doch besteht die Möglichkeit, sich zu erinnern.

Neun kann auch als 3 x 3 gedeutet werden, drei Dreiheiten in einer Dreiheit: als Bereich des Geistes, des Intellekts und Gefühls in der Körperhaftigkeit. Leben, Licht, Liebe.

Allgemeine Bedeutung: Vereinigung der Gegensätze, Schlußfolgerungen aus der Lebenserfahrung, Mut zu sich selbst.
Im Bereich des Geistes: Weisheit, Wissen.
Im Bereich des Intellekts und Gefühls: Verständnis und Vorsicht leiten den Willen.
Im Bereich der Körperhaftigkeit: Ideale, Vorsicht, Erfahrung und Gefühle bestimmen die Handlungen.

Kosmologische Bedeutung: Der Schöpfer, der die unsichtbaren Vorbilder des manifestierten Weltalls träumt, erscheint als Weiser: mit unsichtbarem Faden wirkt er den Teppich der Erscheinungen. Symbole: das durch 9

geteilte Viereck, die Figur, woraus die 9 gezogen ist, das primitive Teth.

Kabbalistische Bedeutung: Das Gute, Abscheu vor dem Bösen, Moral, Weisheit.

Alchemistische Bedeutung: Zukünftiges kann sich im Zustande des Werdens nach dem Bilde, das dem Alchemisten vorschwebt, formen.

Freimaurerische Bedeutung: Die Regel wird nicht von außen an die Dinge herangetragen, sie ist in deren Wesen begründet, was demjenigen, der nur das Außen, das Weltliche, sieht, entgeht.

Weg der Einweihung: Konzentriere dich auf deine Begabung, vertiefe dich in Ruhe und Einsamkeit.

Psychologische Bedeutung: Kontakt- und Tatfreudigkeit des alternden Menschen schränken sich zunehmend ein. Allein mit sich selbst, erkennt er Werte und Unwerte seines Lebens. Aus dieser Erfahrung kann er anderen raten und beistehen.

BILD

Der Wagenlenker (VII) will ungestüm den Fortschritt erzwingen, die Gerechtigkeit (VIII) zögert gewaltsame Umwälzungen hinaus. Im Weisen versöhnt sich diese Gegensätzlichkeit: weder überstürzt er sich, noch verharrt er unbeweglich. Mit seinem Stabe, dem erworbenen Wissen – welches ihm den Willen zur Standhaftigkeit gibt –, prüft er den Weg, auf dem er fortschreitet.

Sein dunkler Mantel zeigt, daß er sich von den vergänglichen Dingen abgewandt hat, das blaue Futter weist auf die Vertiefung seelischer Kräfte in der Zurückgezogen-

heit. Vertiefung bedeutet Vereinigung mit der Welt der Archetypen, den intelligiblen Formen (III) und den Gesetzmäßigkeiten, welchen die sie bekleidenden Formen unterstehen (IV und VIII).
Mit seinem Mantel hält er jeden Luftzug ab, damit das Licht nicht flackert; er arbeitet im Verborgenen, ungestört von Zufälligkeiten, er hütet sich vor Leidenschaften, die das Licht der Vernunft verdunkeln. Sein geheimes Wirken formt das Gesicht der Zukunft. Der klare Himmel zeigt seine Freiheit von Besitz und Sorge.
Die Kapuze besagt, daß er weder seitwärts noch rückwärts blickt, sondern nur geradeaus.
Die aufgerichtete Schlange versinnbildlicht heilende Kräfte, über die er gebietet.

AUSDEUTUNG

Im höheren Sinn: Keim, der die Entfaltung vorgezeichnet in sich beschließt. Meister der geistigen Aktivität, der das Streben nach einem höheren Ziel leiten kann. Vertiefung in Ruhe und Einsamkeit. Der Alte, der Suchende, in sich Gekehrte. Distanz zum Tagesgeschehen. Versuch, die Schwingungen der Energie in der Stille zu hören. Beratung von Angehörigen oder Schülern.

Im Profanen: Selbstbesinnung, Selbsterhellung, Selbstvertrauen, Selbstdisziplin, Selbstbestimmung. Mut, Einsamkeit, Sammlung, Schweigen. Vertiefung. Einfall zur Lösung eines Problems. Entdeckung eines Geheimnisses. Tradition. Geheimes Wissen, Studium, Klugheit, Vorsicht, Umsicht, Erfahrung, Vertrauen in das Schicksal. Hoffnung, Mitfreude, Mitleid. Verschwiegenheit, Keuschheit, Entsagung. Arzt, Besserung der Gesundheit, Psychoanalytiker, Geburtshelfer. Prozeßgewinn.

Warnt vor: Menschenfeindlichkeit, übertriebener Verschlossenheit, Isolierung, Selbstbespiegelung, Selbstaufgabe, Fatalismus. Flucht in die Phantasiewelt, vor Stimmungen. Vor Todesfällen und Verlusten aller Art, vor geheimen Umtrieben, vor Betrug und Verleumdung, vor Geiz und Feigheit, vor Prozessen. Vor ungehörigem Betragen, vor falscher Einschätzung der Lage und Mühe, sie richtig zu stellen.

X   Das Schicksal   י
(Das Lebensrad)   *Yod*

Mit dieser Karte, der Summe der Zahlen von 1 bis 4, ist die Emanation beendet, ihre Möglichkeiten sind gegeben, die Welt ist gestaltet. Ihr Kreislauf kann beginnen, das Rad dreht sich. Es wird zum Rad des Lebens, des Schicksals, wenn der Mensch mit ihm verflochten ist; sein Wille führt es aufwärts oder abwärts. Diese beiden Möglichkeiten, die als Idee in der sechsten Karte zum Ausdruck kamen, werden hier durchgeführt.

Da die beiden Kräfte nicht gleichgerichtet sind, erzielen sie die endlose Kreisbewegung, die zum Leerlauf werden kann, wenn ihr Sinn nicht erfaßt wird.

Allgemeine Bedeutung: Die Lebenskraft. Rotation, Wirbel, Reichtum und Armut. Wechsel und periodische Wiederholung. Was der Mensch gesät hat, wird er ernten.

Im Bereich des Geistes: Lenkvermögen der Willenskraft. Wille.

Im Bereich des Intellekts und Gefühls: Unterscheidungsvermögen.

Im Bereich der Körperhaftigkeit: Glück oder Unglück.

Kosmologische Bedeutung: Die Sphinx thront über dem Rad des Lebens. Sie regelt die Abfolge der Generationen: im Abstieg verkörpert sich die vom All gelöste Individualität. Dieser fleischgewordene Geist muß nun lernen, sein körperliches Instrumentarium zu gebrauchen. Symbole: Swastika und das Schema der gewölbten O, welche als 10 gilt.

Kabbalistische Bedeutung: Prinzip, Manifestation, Lob, Ehre, Phallus, männliche Fruchtbarkeit, väterliche Autorität.

Alchemistische Bedeutung: Der Alchemist, der zwar weiß, daß sein Reich nicht von dieser Welt ist, beachtet dennoch die physischen Vorgänge, ohne sich von ihnen mitreißen zu lassen: er greift zur rechten Zeit ein.

Freimaurerische Bedeutung: Der Lehrling beginnt mit kühnem Mut, aber nicht ohne Vorsicht das Werk, wenn der Zeitpunkt zum Schaffen gekommen ist.

Weg der Einweihung: Verlasse die Einsamkeit, aber bewahre die dort errungene Vertiefung; trete in die menschliche Gemeinschaft ein: nur im gelebten Leben kannst du Fortschritte machen.

Psychologische Bedeutung: Schicksalhaft wirkt sich das bisherige Leben auf das Annehmen eines Wechsels aus. Der Verzicht auf Veraltetes, Überlebtes wird eine Neuorientierung und innere Ausgeglichenheit erleichtern.

BILD

Aufwärts gedreht wird das Rad vom Genius des Guten, Anubis, dem Symbol der expansiven Kraft wie auch der ordnenden führenden Intelligenz, die der Merkurstab in seiner Hand versinnbildlicht; *abwärts* von Typhon, der geflügelten Schlange, der verdichtenden, verstofflichenden Kraft. Aber nicht nur von außen drehen Götter und Dämonen das Rad; richtig gehandhabt, helfen uns dessen Speichen: Wissen, Wollen, Wagen und Schweigen, zu seiner Drehung beizutragen. Dadurch wird der Mensch zum Mitgestalter seines Schicksals. Das achtspeichige Rad erinnert daran, daß dieses gerecht abgewogen wird.
Über dem Rade wacht unbeweglich die Sphinx: ihr menschlicher Kopf deutet auf Wissen; der Stierleib auf Kraft, Schaffen und Können; die Tatzen halten das Erworbene fest: die Flügel tragen empor. Als Symbol der Einheit beherrscht sie die gegensätzlichen Kräfte; ewig bewahrt sie ihr Geheimnis.
Auf dem Meer des Lebens wird das Lebensrad von zwei Schiffen getragen, deren halbmondartige Form an die Mondsichel erinnert, welche die Priesterin (II) auf dem Haupte trägt. Hier entsprechen sie der Motorik und der Sensitivität. Sie weisen darauf hin, daß auch Frauen sich um die Gestaltung des eigenen Schicksals bemühen sollten.

AUSDEUTUNG

Im höheren Sinn: Beherrschung, Überwindung des Aufs und Abs des Lebens durch Gleichmut, Völle und Leere. Verständiger Einsatz der eigenen Kräfte. Samen und Wurzel, Keim und Befruchtung. Sperma. Die Rätselhaftigkeit innerer Bilder oder von Metaphern. Innere oder äußere Wende, neue Einsichten durch spontane Wahrnehmung. Der entscheidende Augenblick.

Im Profanen: Bestimmung, Notwendigkeit. Richtige Arbeit durch Wissen, Wollen, Wagen und Schweigen, Aufgeschlossenheit Neuem gegenüber, mit der Zeit gehen, Voraussicht, Überwindung von Egoismus und Materialismus, Überwindung der Vergänglichkeit des Lebens durch Gleichmut. Verdientes oder unverdientes Glück. Geistesgegenwart, die Gelegenheit beim Schopf zu packen, vom Zufall zu profitieren. Zuversicht. Erfindertalent, praktisches, mechanisches und rechnerisches Talent. Vorteile durch Erfindungen und Entdeckungen. Ort und Zeit berücksichtigendes Suchen. Konzentration. Fähigkeit, Hilfskräfte zu finden. Regelmäßigkeit, zutreffende Beurteilung, Belebung der Gefühle.

Warnt vor: Überschätzung des Intellekts, Nichtbeachten existenzieller Notwendigkeit. Ichverhaftung, Pochen auf seine Verdienste, Überheblichkeit, Großsprecherei oder kleinmütige Verzagtheit. Vor Unbeständigkeit des Schicksals, der Situation, des Gewinns. Vor Sorglosigkeit, mangelhafter Vorbereitung auf Aufgaben, Aufgaben anpacken, denen man nicht gewachsen ist. Vor unangemessenen Unternehmungen, Spiel mit ernsten Dingen, Plänen, die auf den Zufall abgestellt sind, Spekulation, Mangel an Entschlußfähigkeit und Vorsorge. Vor Abenteuern, zeitraubenden Veränderungen. Im weiteren Sinne vor allem, was die geistige Aufgeschlossenheit und Erlebnisfähigkeit, die ehelichen und sozialen Beziehungen ungünstig beeinflussen könnte. Schicksalhafte Verkettungen und Auswirkungen der Vererbung, insbesondere mütterliches Erbgut als Belastung, zwanghafte Abhängigkeit von der Mutter in späteren Jahren.

XI   Die Kraft

Caph

Haben die Arkana I bis X, beginnend mit dem Magier, die Entfaltung der Kräfte in den sonnenerleuchteten *Außen*räumen und auch ihren Rhythmus dargestellt, so beginnt nun mit dem Bild der Löwenbändigerin das Wirken der geheimen, unterschwelligen Mächte in den nächtlichen *Innen*räumen. Werden diese polaren, gegengeschlechtlichen Kräfte – symbolisiert durch den Löwen – aber nicht zugelassen, nicht bewußt gelebt und ihre Polarität nicht in die Gesamtpersönlichkeit eingebaut, so entfalten sie ihre ganze zerstörerische Wildheit. In der Apokalypse werden sie durch das Weib, das auf dem Tiere reitet, dargestellt.

Erscheint im Rad (X) eine Rotation ohne Anfang und Ende, so stellt diese Karte den ruhenden Pol dar, den Durchgangspunkt zwischen Vergangenheit und Zukunft, den gegenwärtigen Augenblick und die Arbeit des Menschen im Universum und an sich selbst. Die Zahl Elf ist zerlegbar in fünf, das Pentagramm, der Mensch, und in sechs, das Hexagramm, die Weltseele, der Makrokosmos. Angedeutet wird dies durch die liegende Acht, die den Hut der Löwenbezwingerin schmückt: die Wiederkehr dieses Zeichens beendet die Reihe der ersten elf Arkana und zeigt das Unendliche zugleich als Ursprung und Ziel aller bewußt wollenden und unbewußten Kräfte.

Allgemeine Bedeutung: Begegnung mit einer unbekannten, befreienden und verkettenden Kraft. Anregung. Intuitive Einsichten, die dem Menschen erlauben, Meisterschaft zu erreichen. Verdichtung.
Im Bereich des Geistes: Gegengeschlechtliche geistige und psychische Kräfte.
Im Bereich des Intellekts und Gefühls: Bewußtwerdung ihres aufbauenden und zerstörerischen Potentials durch Arbeit an sich selbst.
Im Bereich der Körperhaftigkeit: Leben dieser Kräfte im Alltag.

Kosmologische Bedeutung: Wenn der Mensch nicht mehr alles Geschehen auf sich bezieht, kann sich die Kraft zur Tat entfalten. Die gebändigten Sexualkräfte, die sonst nach außen verlaufen, mehren die innere Kraft. Symbol: das ins Hexagramm geschriebene Pentagramm, das Siegel Salomos.

Kabbalistische Bedeutung: Die Hand im Begriff, etwas zu nehmen und zu halten.

Alchemistische Bedeutung: Wer seine Kräfte verschwendet, ist unfähig, im richtigen Augenblick zu handeln: er hat nichts zu geben, wenn eine Anstrengung verlangt wird.

Freimaurerische Bedeutung: Stark ist jener, der sich selbst bezähmt.

Weg der Einweihung: Alle Kultur gründet sich darauf, daß auseinanderstrebende Kräfte in den Dienst gemeinsamer Arbeit gestellt werden; dazu muß sich der einzelne disziplinieren. Wer sich hinreißen läßt, ist schwach.

Stark ist jener, der seine Leidenschaften bändigt, ohne ihr Feuer auszulöschen.

Psychologische Bedeutung: Sanftheit gepaart mit Festigkeit ist geeigneter, Konflikte zu lösen und Bedrohungen zu begegnen, als unerbittliche Strenge oder Aggressivität.

BILD

Ein junges Mädchen, in den Farben der Priesterin (II), mit blauem Kleid und rotem Mantel, gelben Ärmeln (die auf intelligente Handhabung weisen), bezwingt, ohne Gewalt anzuwenden, durch ihre magische Macht – ihre Weiblichkeit – einen Löwen. Wenn seine Wildheit gezähmt wird, können diese Kräfte ungeahnte Dienste leisten.

Geistige Macht muß durch geübtes Leiten der Kraft erworben werden. Dem Magier (I) ist Kraft zwar verliehen, richtig anzuwenden vermag er sie aber erst, nachdem er Wissen und Beherrschung erworben hat. Wenn der Wille des Menschen sich dem Göttlichen unterordnet, eins mit ihm wird, hat er an unermeßlichen Kräften teil. Brutale Gewalt, Bosheit und Haß, Mißgunst und Neid wird er durch Güte und Sanftmut zähmen. Spirituelle Autorität entspringt einem religiösen, glaubensstarken Geist; sie beeinflußt andere, ohne daß sie wissen, wie dies geschieht.

AUSDEUTUNG

Im höheren Sinn: Ausstrahlung der psychischen Energie. Sieg der geistigen Impulse durch Erkennen und Disziplin. Seelenstärke und Vorsicht. Wird die Natur dieser Kräfte nicht erkannt und zugelassen, so wirken sie entwicklungshemmend. Kenntnis verleiht Macht ohne Gewalt. Natürliche Autorität. Sexuelle Kraft. Harmonie mit der Natur und den Tieren.

Im Profanen: Wissen um die Macht und Bedeutung psychischer und instinkthafter Impulse durch analytische Arbeit an sich selbst, Zulassung oder Bezwingung durch moralische Kraft, Mut, Ruhe, Unerschrockenheit, Ausdauer und Tugend. Tatkräftiger Mensch, der innere und äußere Schwierigkeiten zu bezwingen weiß. Sieg der Intelligenz über rohe Gewalt und blinde Naturkräfte. Zusammenarbeit des Individuums mit der sozialen Organisation, Beziehung des Menschen nicht nur mit dem Partner, sondern mit sich selbst, Eingliederung der gegenteiligen Strebungen in ein Ganzes. Die Frau muß ihre Individualität gegen Übergriffe verteidigen, ohne in die Rechte des Partners einzugreifen. Die Frau nicht nur als Gattin und Mutter, sondern als gleichberechtigte Partnerin mit gestaltenden Aufgaben betraut. Wissenschaftliche und industrielle Erfolge durch Beachtung und Anwendung der Gesetzmäßigkeiten.

Warnt vor: Zorn, Wut, Ungeduld wie Zögern, vor Unbedachtheit, Überschätzung der eigenen Kraft, Prahlerei. Vor steriler Auflehnung gegen das Schicksal oder unbedachter Begeisterung für Unerprobtes, vor Versäumen des richtigen Zeitpunktes. Vor Brutalität, Roheit, Grobheit, Grausamkeit. Vor Kleinlichkeit, vor Streitigkeiten. Vor Verdrängung der Sexualität wie vor fesselloser Befriedigung, vor Verführung, vor Perversionen. Vor Operationen, vor Feuersbrunst. Schlecht angewendete Kraft wirkt destruktiv. Diskontinuität zwischen Zeitbedingtem und Zeitlosem.

XII   Die Prüfung
(Der Gehängte)

Lamed

Am deutlichsten zeigt sich die dem Bilde entsprechende Zahl in der zwölften Karte; hier erscheinen zwei Baumstämme mit je sechs Aststümpfen. Zwischen den Polaritäten ist ein Jüngling aufgehängt, wodurch die Beziehung zur sechsten Karte deutlich wird: Dort steht er zwischen den Gegensätzen, die ihn in Frauengestalt locken. Jetzt wird die Unentschlossenheit zur Prüfung, aber sie führt in die große Einsamkeit, in der alles gleich weit, unermeßlich weit ausgespannt erscheint. Der Prüfling* ist allein in der Weite des Weltalls. Zwölf ist auch die Zahl des Tierkreises. Der Ausweg aus dieser Lage ist das geistige Absterben oder der körperliche Tod, die Veränderung.

Allgemeine Bedeutung: Umkehrung der Willensrichtung, Unterbrechung, Stillegen der mentalen Aktivität. Das tiefste Unbewußte. Intervall zwischen zwei Bewußtseinsmomenten. Verzicht des Menschen auf Egoismus. Geduldiges Abwarten. Geistiger Tod.
Im Bereich des Geistes: Das offenbarte Gesetz. Vorbereitende Aktivität.
Im Bereich des Intellekts und Gefühls: Die Pflicht.
Im Bereich der Körperhaftigkeit: Das Opfer des Ichs. Aufbrechen veralteter Strukturen.

---

* Vgl. den nordischen Mythos von Odin, der erst durch sein Hängeopfer zum Runenleser und Zauberer wird: »Ich weiß, daß ich hing, am windigen Baum neun Nächte lang, mit dem Ger verwundet, ich selbst mir selbst« (Odins Runengedicht).

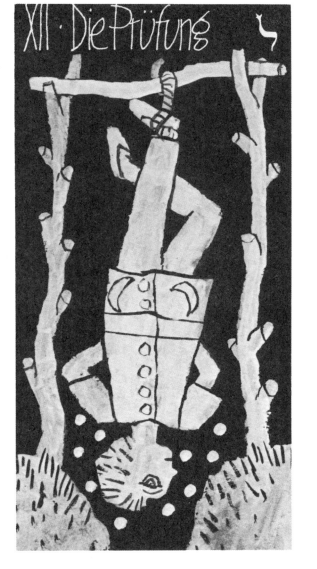

Kosmologische Bedeutung: Das »Große Werk« erfordert Opfer. Schöpferische Arbeit ist uneigennützig. Symbol: das Zeichen der Verpflichtung des »Großen Werkes«.

Kabbalistische Bedeutung: Beispiel, Unterricht, öffentliche Vorlesung.

Alchemistische Bedeutung: Prüfungen bereiten die Seele zur Vollendung vor. Verzicht auf Genuß verleiht Mut zur Aufgabe des Ichs.

Freimaurerische Bedeutung: Der Eingeweihte verzichtet auf äußere Mittel; er läßt seinen Vorsatz reifen, um dann unmerklich, aber eindringlich zu wirken.

Weg der Einweihung: Ein ichbezogener Mensch kann nicht am »Großen Werk« teilhaben. Hüte dich vor dem Umgang mit Egoisten. Halte dich an das, was nichts einträgt. Gib, ohne Dank zu erwarten.

Psychologische Bedeutung: Nur ein veränderter Standpunkt und neue Wertsetzungen befähigen, Verluste, Unsicherheiten und Ängste der zweiten Lebenshälfte anzunehmen und zu verarbeiten.

BILD

Wird in den vorangehenden Karten die Entwicklung der Kräfte und Fähigkeiten gezeigt (Lernen II, Unterricht III, Erkennen und Abwägen der Wahrheit VIII), so zeigt diese Karte einen Mann, der hilflos und seiner materiellen Mittel beraubt ist. Der gelbe Querbalken, an dem er hängt, bedeutet die Fixierung des Bewußtseins durch Unterbrechung des Gedankenflusses. Die Fesselung der

Aufmerksamkeit (I) öffnet den Zugang zum Unbewußten (II): »Wer aus dieser Tiefenlage heraus handelt, der begeht keinen Fehler« (I Ging).
Um den Bedingtheiten des Leidens zu entgehen, müssen wir »umgekehrt« denken, das heißt hinter den Erscheinungsformen das wahre Wesen der Dinge sehen. Wir müssen erkennen, daß wir aus eigener Kraft nichts vermögen und daß, wenn wir handeln, es kein »Ich« gibt, das handelt, sondern nur das Eine.
Arme und Kopf bilden ein Dreieck, die Füße die Diagonalen eines Vierecks; diese Figur erinnert an das alchemistische Zeichen, das die Vollendung des »Großen Werkes« anzeigt und eine Umkehrung des Ideogrammes für den Schwefel ist, welches in der vierten Karte erscheint. Anders als in der vierten Karte ist hier die Vier über die Drei gestellt: Dies bedeutet die Unterordnung der Einbildungskraft unter die Gesetze der Logik. Erinnern wir uns jedoch, daß es sich um die »umgekehrte« Vier handelt, also um das Gegenteil dessen, was man gewöhnlich unter logischem Durchdenken versteht; dieses beschränkt sich zu oft auf das bloße Rationalisieren. Der Eingeweihte jedoch wählt sorgfältig die Bilder, die seinen Geist beschäftigen; er sieht den Menschen innerhalb der kosmischen Ordnung.
Das rot und weiß gestreifte Kleid steht nur scheinbar im Widerspruch zur Passivität der Figur, deren Aktivität sich gerade darin zeigt, daß sie zwischen verschiedenen Einflüssen wählt. Muß die Löwenbändigerin die männliche, feurige Komponente ihres Wesens integrieren, so muß hier die Passivität, die Fähigkeit, geschehen zu lassen und das Geschehen anzunehmen, geübt werden, um in den Raum eines höheren Wachseins zu gelangen. Das Weiß hat Bezug auf die Reinheit der Einbildungskraft,

die beiden Halbmonde deuten auf Demut und richtige Intuition, die Gold- und Silbermünzen zu beiden Seiten des Kopfes auf geistigen Reichtum. Verinnerlichung setzt geistige Bildekräfte frei. Samen, die zur Erde fallen.

AUSDEUTUNG

Im höheren Sinn: Umwandlung des Bösen in Gutes. Erlösung durch Opfer. Befreiung vom instinktiven Egoismus. Geistige Erkenntnis. Bereitschaft, den gegenteiligen Standpunkt zu erwägen und Vorsätze in der Stille reifen zu lassen. Verzicht auf weltlichen Erfolg und Zerstreuungen, auf Gewohnheiten, Haltungen, auf Sicherung und auf Erinnerung. Heilung durch gesammelte Kraft, Kraft aus Erinnerung. Ekstase-Erstarrung. Erkenntnis, daß Krankheit einen Sinn hat, hilft, sie zu ertragen. Kenntnis der Heilmethoden und der Wille, sie anzunehmen.

Im Profanen: Wendepunkt, Prüfung, Uneigennützigkeit, Aufopferung, Verzicht, Selbstlosigkeit, Opfermut. Hingabe an die Aufgabe, ohne sich von ihr beherrschen zu lassen. Überwindung der Lage durch eigene Kraft. Priester, Erleuchteter, Künstler.

Warnt vor: irrealen Träumereien, utopischen Plänen und Wünschen, Illusionen, falscher Begeisterung, unglücklicher Liebe, vor Überschätzung des eigenen Könnens. Unentschlossenheit, bei der Theorie stehen bleiben oder sich mit guten Vorsätzen begnügen. Die Zeit ungenutzt verstreichen zu lassen. Vor vorzeitigem Verzicht oder unbedachter Begeisterung für Unerprobtes, vor unsicheren Projekten, die nur mit fremder Hilfe durchgeführt werden könnten. Vor Verrat und Demütigungen. Vor Verzweiflung. Nicht gehaltene Versprechungen oder

Ausnützung von oder durch andere. Verlust des seelischen Gleichgewichtes, materielle Verluste. Bedrohte Position. Kreislaufstörungen. Flottierende Währungsparitäten, soziale Problematik.

XIII Der Tod
Mem

Der Tod bedeutet einen furchtbaren Durchgang als Voraussetzung zur Neugeburt, zur Lösung unseres Bewußtseins aus der Beschränktheit seiner Ausdrucksmöglichkeiten. Die Zahl Dreizehn ist auch der Sonne zugeordnet, die als immerwährender Punkt die zwölf Abschnitte des Tierkreises durchläuft (1 + 12). Dreizehn kann ferner gesehen werden als zentraler Punkt dreier ineinander verflochtener Quadrate (1 + 3 × 4), die einen Kranz von höchster Spannung und äußerster Festigkeit bilden.

Allgemeine Bedeutung: Bewegung, Veränderung, Umformung, Auflösung. Übergang, Neubeginn auf höherer Ebene. Tod als Prozeß des Lebens.
Im Bereich des Geistes: Einfaltung und Entfaltung im unaufhörlichen Kreislauf.
Im Bereich des Intellekts und Gefühls: Begreifen des Todes als eines großen Gleichmachers. Er stellt das Gleichgewicht der Polaritäten her, die innere Mitte.

Im Bereich der Körperhaftigkeit: Tod als Katalysator. Regulationsprinzip.

Kosmologische Bedeutung: Im Dienste des Göttlichen Leiden auf sich nehmen, bedeutet, sich vom Vergänglichen lösen und damit die Erneuerung zu ermöglichen. Symbole: das primitive Mem und das Zeichen des Saturns.

Kabbalistische Bedeutung: Der Himmel von Jupiter und Mars, Beherrschung und Stärke, Wiedergeburt, Schöpfung und Zerstörung.

Alchemistische Bedeutung: Das Erscheinen des Nigredo, der Schwärze, zeigt den Erfolg der ersten Operation an: der Stoff stirbt und zersetzt sich, das Feine scheidet sich vom Groben.

Freimaurerische Bedeutung: Am Ort der Mitte schwindet alle Illusion; der Eingeweihte stirbt für alles Weltliche ab.

Weg der Einweihung: Deinem Wirken setzt der Tod ein Ende. Er mäht die Illusionen der Vergangenheit nieder, um das Land für künftige Ernten vorzubereiten.

Psychologische Bedeutung: Ohne die Selbstbezogenheit zu opfern ist jede Änderung, Erweiterung und Neueinstellung, die das spirituelle Wachstum erfordert, unmöglich.

BILD

Jedes Ende birgt in sich einen neuen Anfang; diese Wandlung wurde vorbereitet durch die Karten VII, X und XII, die auf Entwicklung, Schicksal und Prüfung hinweisen. Der Tod befreit die vom Gewicht einer zunehmend trägeren Materie entkräftete Energie.

Das Skelett ist das traditionelle Bild des Todes, zugleich aber auch der Ansatzpunkt aller Muskeltätigkeit; als Symbol bedeutet es die Einheit als Ausgangspunkt aller Erneuerung, allen Wachstums. Die mondförmige Sichel erinnert an Karte II, die Priesterin, in ihrem Aspekt als Große Mutter.

Die Köpfe scheinen zu leben: jener des Mannes stellt die Weisheit dar, derjenige der Frau das begreifende Verständnis; Eigenschaften, die mit dem Tod nicht verlorengehen. Sie erzählen auch vom Erfahren höherer Bewußtseinszustände, die nicht an die grobstoffliche Materie gebunden sind. Die Hände repräsentieren die aktiven und passiven Werke.

Die Blume, verblichen, aber nicht vernichtet, wird wie das sprossende Grün zu neuem Leben erwachen.

AUSDEUTUNG

Im höheren Sinn: Entmaterialisierung, Umwandlung, unaufhaltsame Evolution. Stets sich erneuernde Bewegung, die sich jedem Stillstand widersetzt. Der Heilige Geist der Gnostiker, der Tröster. Selbstlosigkeit, Selbstbesinnung, Prüfung, Umwandlung. Ablösung. Vertrauensvolle Hingabe an das Ursprüngliche. Die alte, weise Frau.

Im Profanen: Verhängnis, Schicksalsschläge, Mißerfolge, für die man nicht verantwortlich ist. Wendepunkt, Opfer, Enttäuschung, Verlust einer Zuneigung oder einer Hoffnung, Entsagung. Anerkennung der unausweichlichen Notwendigkeit und dadurch Befreiung. Überwindung der Lage durch eigene Kraft. Erweitertes Verständnis. Uneigennützigkeit. Opfermut. Loslösung,

Befreiung vom Leiden. Unbestechliche Urteilsklarheit. Fähigkeit, ein entartetes Milieu zu erneuern. Neuer Arbeitsbereich, Initiation, Meisterschaft, Erbschaft, Atavismus, Spiritismus.

Warnt vor: Melancholie, Trauer, Altersschwäche, Entstellung, Auflösung, Scheidung. Vor Überschätzung des eigenen Könnens, falschem Enthusiasmus, unrealistischen, nicht genau vorbereiteten Plänen, vor Selbstmitleid. Das Unverständliche. Vor Korruption, vor Krankheiten, welche die Beweglichkeit vermindern, vor Spital oder Gefängnis, vor Todesfällen. Neue wissenschaftliche Probleme: Bestimmung, Beginn und Ende des menschlichen Lebens.

XIV Die Mäßigkeit

Nun

Ein Genius – die Macht des Himmlischen – gießt den Inhalt des silbernen Kruges in einen goldenen um, ohne daß ein Tropfen ins Meer fällt; das Ich vereinigt sich noch nicht mit der Gottheit, doch geht durch Tod und Wiedergeburt auch nichts von der individuellen, geistigen Substanz verloren. Die Elemente der wiederverkörperten Persönlichkeit werden neu abgemessen, gemäßigt, geläutert, im neuen Gleichgewicht beglaubigt. Als Umgestalterin eines gröberen in ein differenzierteres Dasein steht die Figur in Beziehung zur verdoppelten Vier, der Materie = 8, und zur gleichfalls verdoppelten Drei, dem Geistigen = 6; als Summe 14.

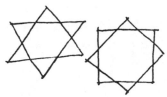

Allgemeine Bedeutung: Zeitlosigkeit. Gleichgewicht. Erneuerung der Vorstellung. Leben in seinen wechselvollen Gestalten. Läuterung, Reinigung, Nachprüfung, Beglaubigung: erhöhte Potentialität, die im äußeren Geschehen helfend eingreift, um so die Welt des richtungsweisenden Wollens, der Symbole und Träume mit dem realen Geschehen in Einklang zu bringen und fruchtlose Selbstgespräche zu vermeiden.
Im Bereich des Geistes: beständige Veränderung der lebenden Materie, langsame Loslösung vom Verhaftetsein an die sinnliche Qualität geistiger und materieller Wahrnehmung.
Im Bereich des Intellekts und Gefühls: ein die Umstände erwägendes moralisches Urteil.
Im Bereich der Körperhaftigkeit: gegenseitige Beeinflussung aller Kräfte. Bewußtwerdung von Hilfskräften aus dem Unbewußten.

Kosmologische Bedeutung: Die Unendlichkeit des Lebens erschöpft sich ebensowenig wie das verjüngende Wasser der Mäßigkeit, das ständig von einer Form in die andere umgegossen wird, so daß der Satz zurückbleibt. Symbol: das Zeichen des Wassermanns.

Kabbalistische Bedeutung: Der Himmel der Sonne, Temperaturen, Jahreszeiten, Bewegung, Veränderung, Kontinuität des immer gleichen neuen Lebens.

Alchemistische Bedeutung: Die Wasser der Seele reinigen wie der Regen die zersetzte Materie, die zu neuem Leben wiedergeboren wird.

Freimaurerische Bedeutung: Indem wir ablegen, was uns zurückhält, läßt uns der Tod an weniger eingeengtem Leben teilnehmen.

Weg der Einweihung: Die Verbindung mit den Kräften von oben belebt und wandelt dich.

Psychologische Bedeutung: Nur in dem Maße, als sich die Selbstbezogenheit vermindert, ist die Erneuerung des Lebens durch Einbeziehung unbekannter Bereiche möglich. Schweres und Trübes bedrückt nicht länger.

BILD

Auf der Stirn trägt der Engel das Sonnenzeichen, das immer auf unterscheidende Erkenntnis deutet, auf entsprechendes Maßhalten, den Umständen angepaßtes Verhalten, Zunahme und Abnahme, Wachstum und Zerfall. Es erscheint auch in Karte VII und VIII; dort weist es auf die Koordination und Lenkung der konstruktiven Energien hin, in Karte XIV auf die einsichtige Bemessung der Vitalkräfte, in Karte XX auf das erleuchtete Wirken des Geistes. An diese drei Karten erinnert auch der blaue Mantel des Engels über dem roten Kleid. Wie die Herrscherin (III) ist dieser Genius geflügelt. Doch weilt er nicht in unerreichbaren Regionen, sondern erfrischt und erneuert alles Leben mit dem Wasser des Himmels, es erfrischt auch die welkende Tulpe.

Das Umleeren des lebenden Wassers deutet ferner an, daß mentale Aktivität den körperlichen Organismus beeinflußt und daß wir solche Veränderungen anhand der täglichen Erfahrung festzustellen vermögen.

Diese Karte wird auch »Pfad des Bogens« genannt, Pfad des spirituellen Fortschrittes. Der auf den gespannten Bogen aufgelegte Pfeil (Karte VI) zeigt den brennenden Wunsch, das Ziel, die Vereinigung der Geschlechter, der Polaritäten, die ununterscheidende Unterscheidung zu erringen. Der Pfeil weist auf die Genitalien hin, aus denen der Samen des neuen Lebens fließt, der im Schoß zu neuem Leben empfangen wird.
Der geflügelte Genius vertritt den »Wächter der Schwelle« und den Schutzengel, die individuelle geistige Qualität und Unerschrockenheit.

AUSDEUTUNG

Im höheren Sinn: allumfassendes Leben, das in verschiedenen Formen kreist. Wundertätige Heilungen durch Auffangen und Lenkung der Vitalkräfte oder durch Magnetismus. Kernforschung. Lernprozesse, Verwandlung, neue Wege und Entwicklungen. Umsetzung von Bildern in Ideen. Lustvolles Spiel. Intuition und Disziplin.

Im Profanen: Mäßigkeit, Mäßigung, Enthaltsamkeit, Gleichmut, Sparsamkeit. Heiterkeit des Geistes, Erhebung über menschliches Leid. Anpassung, Geschmeidigkeit, Gesundheit, gute Zirkulation. Günstige Bedingungen zur Verlängerung des Lebens. Muße, Empfangsbereitschaft, Mitschwingungsfähigkeit.

Warnt vor: Verschwendung, mangelndem Interesse, Vernachlässigung des Alltäglichen, Unbeständigkeit, Leichtsinn, Faulheit, Passivität, die den bequemeren Weg wählt und die Dinge laufen läßt; dem Nur-für-sich-Leben, Überziehen seiner Kräfte, unverhältnismäßigen Ansprüchen.

XV   Der Teufel   ס

Samek

Diese Karte ist das Symbol des schwierigen Durchganges und des Erdfeuers, der verborgenen Schätze, die von den Gnomen gehütet werden. Sie zeigt, daß jede Schwäche und jede Angst, die aus der Ichsucht entspringen, sich zur Drohung verdichten und den weiteren Weg versperren. Der Mensch muß lernen, mit dem Feuer der Instinkthaftigkeit umzugehen: dann wandelt sich dieses und wird zur Quelle geistiger Erleuchtung. Unser eigener Geist ist der Versucher, der Zerstörer und auch der Befreier. Satanisch werden die Kräfte erst, wenn sie autonom wirken, wenn ihr Kraftpotential aus der Harmonie der Ganzheit und Gesetzmäßigkeit herausgelöst wird und im Dienste der Lüge, Ungerechtigkeit und des Machtstrebens steht. Erst wenn dies erkannt, die Unwissenheit überwunden, die Vielfalt in der Einheit gesehen wird, ist der weitere Weg frei. Diese Figur darf nicht ausschließlich negativ gedeutet werden: auch Versuchungen dienen unserer Erkenntnis und Läuterung. Wenn der Mensch gelernt hat, mit dem Feuer der Instinkte umzugehen, werden sie zur Quelle der geistigen Erfahrung. Gedeutet als 11 + 4 = der Mensch, der seine Individualität aus dem Ganzen herausdifferenziert; Bejahung der Individualität und Gebundenheit an diese. Der Ton der Individuation teilt Wesen und Leben in zwei.

Die Zahl der Karte ist 15 = 3 × 5. Diese Dreiheit erscheint sonst als geheiligte Zahl; die Fünf als Pentagramm ist die Zahl des Menschen. Hier weist es mit der

Spitze nach unten und deutet auf das Versinken in der Materie.

Allgemeine Bedeutung: Untersuchung, Beglaubigung, Bestätigung. Knechtschaft, Auswirkungen von negativen Inhalten, die uns nicht bewußt werden, weil sie dem Idealbild, das wir von uns haben, widersprechen. Begrenzung und Trägheit. Widerstand, den die Form der Kraft entgegenstellt, das passiv Böse, das Erdelement, das aber den Dingen erst erlaubt, Fuß zu fassen.

Im Bereich des Geistes: Das Geheimnis der Vierheit.

Im Bereich des Intellekts und Gefühls: Das Unerwartete, Unvermeidliche.

Im Bereich der Körperhaftigkeit: Schicksalhaftes Verhängnis.

Kosmologische Bedeutung: Die trägen Massen müssen durch materielle Kräfte in Bewegung gesetzt werden, um sie dem Höheren zuzuführen. Symbole: das umgekehrte Pentagramm und das ursprüngliche Samek.

Kabbalistische Bedeutung: Der Himmel Merkurs, Geheimwissenschaft, Zauberei, Handel, Beredsamkeit, Geheimnis, moralische Stärke.

Alchemistische Bedeutung: Das Feuer muß sinnvoll geregelt werden; ohne die reinigende irdische Glut kann keine Wirkung ausgeübt werden.

Freimaurerische Bedeutung: Keine Kraft, selbst wenn sie schädlich wirkt, ist zu verdammen.

Weg der Einweihung: Ohne die instinkthaften Kräfte, die nur so lange schädlich sind, als du sie dir nicht dienstbar machst, bleiben die geistigen Kräfte unergiebig.

Psychologische Bedeutung: Wenn wir unsere dunklen Seiten verleugnen, treten sie uns als Feind von außen gegenüber, sie faszinieren, bedrücken und beherrschen uns ohne unser Wissen. Nimmt man sich, so wie man ist, an, verhilft uns diese Selbsterkenntnis zu einem vertieften Verständnis der Lebensgrundlagen.

BILD

Die Figur des Teufels, als Zwitter dargestellt, vereinigt in sich die vier Elemente: die dunklen Beine entsprechen den dunklen Abgründen der Erde, die Schuppen dem Wasserelement, die Flügel dem Luftigen, der Kopf dem Feurigen. Die Mischung so verschiedener Elemente, wie männlich und weiblich, menschlich und animalisch, Vogel und Fisch, erweckt den Eindruck chaotischer Unordnung, der Verkehrung aller Fähigkeiten in ihr Gegenteil.

Das Pentagramm auf seiner Stirn, dessen Spitze nach unten weist, deutet an, daß unser Einblick in die ganzheitlichen Zusammenhänge unvollständig bleibt, solange wir versuchen, die natürlichen Kräfte für eigensüchtige Zwecke abzusondern und die Wahrheit durch Lüge und Ungerechtigkeit zu entstellen. Durch solche Sonderbestrebungen werden wir zu Sklaven jener Kräfte, die wir uns dienstbar zu machen glaubten. Vergessen wir aber auch nicht, daß wir so lange, wie wir an unseren Organismus gebunden sind, unsere Instinkthaftigkeit nicht verleugnen dürfen; hüten wir uns, sie zu mißbrauchen. Die Schuppen symbolisieren das befruchtende Wasserelement; sie können auch als Augen interpretiert werden, verwandt mit dem geheimen Auge des Phallus und der Schlange im Garten Eden (VI). Auf dieselbe Problematik verweist das Zeichen für Joni und Lingam in der erhobenen linken Hand.

Die Fackel erleuchtet eine mayahafte Welt, die goldenen Hörner und Hufe weisen auf den hohen Wert der Instinkthaftigkeit hin, der rote Kopf auf brennende Intensität der ungezähmten Sexualität, die überwältigende und schreckliche Gewalt des animalischen Verlangens nach brutaler Lust; doch ist diese auch der Pulsschlag der Kraft, die alle Formen und Arten des Lebens erneuert und fortbestehen läßt. Die Fledermausflügel bedeuten eine aufsteigende Evolution. Die beiden gefesselten Figuren stellen die Gefangenschaft des Menschen in Materialismus sowie die Unkenntnis seiner geistigen Fähigkeiten und Macht dar, auch die beiden Polaritäten, wie das Bewußte und das Unbewußte oder das alchemistische coagula und solve, dar.

Der Sockel erinnert an den Thron des Herrschers (IV). Er stellt den Widerstand dar, den das Erdelement, die Form, der Kraft entgegenstellt, das Negativ-Böse, welches aber den Dingen erlaubt, Fuß zu fassen, sich auszugestalten.

AUSDEUTUNG

Im höheren Sinn: Kosmische Formen als Ort der Entfaltung und Begrenzung des Lebenshauches. Die substantielle Realität des Bösen. Sog der Instinkte. Alltäglichkeiten. Teufelskreis unlauterer Beziehungen, bei der Frau der Animus, beim Mann die Anima.

Im Profanen: Demagogie, Massensuggestion, Beredsamkeit, Revolution, Umwälzung. Befähigung, niedere Instinkte dem Guten dienstbar zu machen.

Warnt vor: Krankheit, Irrsinn, Hysterie, vor verwirrtem oder übereiltem Handeln, vor Panik, vor Perversion, Begierden, Leidenschaften, Unordnung, Unmäßigkeit in jeder Form. Vor Rachedurst, lichtscheuem Treiben, Hinterlist, grauenhaften oder ungeordneten Impulsen, ungeordneter Emotionalität, Mangel an Selbsterkenntnis, vor blind übernommenen Moralbegriffen. Einseitigkeit in der Wertung. Blinder Naivität. Geistiger Falschmünzerei. Verzweiflung, Mord, Hexenwahn, Seuchen, Verseuchung der Umwelt, Kollektivschuld. Vor vorübergehenden Erfolgen in zweifelhaften Geschäften, vor falschen Voraussetzungen, irreführenden Mitteilungen, Ungerechtigkeit und Intrigen. Nervöser Instabilität, gesundheitlichen Komplikationen. Vor Verdrängung statt Assimilierung inkompatibler Inhalte.
Schwächt die Wirkung anderer Karten ab oder hebt sie auf.

XVI Die Zerstörung
Ayin

Hier wird die Vier, die Zahl der Materie, ins Quadrat erhoben: $4 \times 4 = 16$. Diese Zahl kann auch als $10 + 6$ interpretiert werden, als ewiger Kreislauf, Involution und Evolution, Aufstieg und Niedergang, vergängliche Strukturen, der Zyklus des menschlichen Lebens.

Stolz erhebt sich die Weltlichkeit in ihrem Diesseitsstolz, ihrem Irrtum und ihrer Unwissenheit. Alle Gefahren scheinen überwunden. Da zerschmettert ein Blitzstrahl das Gebilde der Unwissenheit, erhellt des Suchenden wahre Wesenheit, die ihm durch die Unterjochung unter seine animalische Natur verborgen geblieben war.

Allgemeine Bedeutung: Durch Zerstörung seiner Überheblichkeit kann der Mensch zur Einsicht kommen. Das Erwachen. Sünde und Gnade.
Im Bereich des Geistes: Überheblichkeit.
Im Bereich des Intellekts und Gefühls: Egozentrik.
Im Bereich der Körperhaftigkeit: Verlust der Mittel.

Kosmologische Bedeutung: Die Ursünde, der aufrührerische Stolz, hört nicht auf, am Turm zu bauen. Symbole: Zeichen des Mars und des Skorpions.

Kabbalistische Bedeutung: Der Himmel des Mondes, Verschlechterung, Beschädigung, Aufstände, Veränderungen, Schwäche.

Alchemistische Bedeutung: Unglückliche Versuche sollen nicht entmutigen; die Praxis lehrt, Fehler zu meiden.

Freimaurerische Bedeutung: Was Unwissenheit, Fanatismus und Ehrgeiz errichten, ist dem Untergang geweiht.

Weg der Einweihung: Die Wahrheitssuche ist einfach in der Theorie, doch verwickelt in der Praxis.

Psychologische Bedeutung: Ein Schicksalsschlag, der mühsam erworbenen Besitz zerstört, löst alte Gewohnheiten, Zugehörigkeiten und Verpflichtungen; er stärkt unseren Gleichmut und öffnet den Weg zum Selbst.

In seiner Eigenmächtigkeit hat der Mensch als Zeichen seiner Göttlichkeit den Turm erbaut, der vom Blitzstrahl zerschmettert wird. Was in Wirklichkeit zerstört wird, ist der Glaube an ein persönliches Ich, die Ursache aller Leiden und Beschränktheiten, welche die Menschheit bedrücken. Die niederstürzende Zinne stellt den irregeleiteten menschlichen Willen dar, die beiden Figuren Wirkung und Gegenwirkung.

In der Luft schweben kugelartige Gebilde: Gedanken, die in sich selbst keine physische Basis besitzen, nehmen in der Welt der Sichtbarkeit Form an; ihre Macht stammt aus der Lebenskraft. Sie können ebenfalls als unerledigte Reste der Vergangenheit gedeutet werden oder als Samen. Gelb und Grün bedeuten, daß es sich um spirituelle Formkräfte handelt, um Hilfe, die dem Menschen aus verschiedenen Bereichen zuteil werden kann, um verschiedene Möglichkeiten irdischer Betätigung. Sie erinnern auch an den kabbalistischen Baum, die zehn intelligiblen Aspekte der Lebenskraft; die Zahl Zwölf vertritt die zwölf Zeichen des Tierkreises.

Die auf die ausgebreiteten Hände fallende Figur symbolisiert den aktiven Pol bzw. den gebremsten Fall, die senkrecht fallende den ungebremsten, die mangelnde Beherrschung der Kraft, des Körpers, der Gedanken.

Die Ziegelreihen deuten an, daß die Menschheit sich aus Individuen zusammenfügt gleich wie das Individuum aus Zellen.

Die grünen Pflanzen besagen, daß durch die Arbeit des Menschen neues Leben sprießt.

Als Ganzes gesehen, zeigt der Turm die Tendenz der Formen, die dem Geist als Werkzeug dienen, sich zu vergröbern und zu verhärten, bis sie die lebendige Wahrheit nicht mehr durchscheinen lassen.

Im Gegensatz zu den anderen Karten ist diese Karte, wie Karte XIII, weniger ungünstig zu deuten, wenn sie verkehrt liegt. Sie zeigt dann die Möglichkeit, Konsequenzen vorauszusehen, sich vom Schein nicht täuschen zu lassen, unfruchtbare Diskussionen zu vermeiden; sie zeigt eine gewisse Scheu, große Risiken einzugehen, den gesunden Menschenverstand, die Weisheit Sancho Pansas.

AUSDEUTUNG

Im höheren Sinn: Nichts unternehmen, was die eigenen Kräfte übersteigt, aber keine Entmutigung bei Prüfungen und Fehlschlägen. Vorsicht vor Hirngespinsten und Verwicklungen, vor Plänen, die nicht ausgeführt, deren Konsequenzen nicht abgeschätzt werden können. Erneuerung durch Zerstörung. Auflösung festgefahrener Strukturen. Patriarchale Machtsymbole werden ungültig. Umwälzung, die den Fluß der Energie nicht unterbrechen.

Im Profanen: Vernichtete Hoffnungen, unglücklicher Ausgang einer Unternehmung. Entgleiten unrechtmäßig erworbenen Gutes.

Warnt vor: Größenwahn, falschem Ehrgeiz, Unglauben, Intoleranz, Krankheit, Unfall, unerwarteten Schwierigkeiten, vor Überziehen der körperlichen Kräfte, vor Streß, vor Theoretisieren, vor Verwirrung und Geisteskrankheit. Vor unnützer Aufhäufung von Gütern, Erfolghascherei, Zerfall, vor Unsauberkeit sowohl des Geistes wie des Körpers, vor Gier und Ausbeutung, vor Überheblichkeit, vor unerlaubten Eingriffen in organische Prozesse, vor Aufruhr infolge erschwerter Lebensbedingungen, vor Sektiererei und religiöser Intoleranz. Warnt davor, Kinder mit dem eigenen Ehrgeiz zu belasten, sie einseitig zur Leistung anzutreiben, sie zu verwöhnen oder zu vernachlässigen, warnt vor Angstzuständen, Auflehnung gegen das Schicksal, Selbstmitleid.

XVII Die Sterne

Ph

Wie ist die Siebzehn – eine Primzahl, die kaum Beziehung zu ihren Nachbarn zeigt – zu lesen? Oben sehen wir acht Sterne, als Mittelpunkt den Genius am Ufer des Meeres, dessen Oberfläche die acht Sterne des Himmels widerspiegelt. Dieser Genius gießt den Inhalt jener Krüge, der auf der Karte XIV umgegossen wurde, ins Meer und auf die Erde. Hier findet kein Umgießen zu neuer Form statt, sondern ein Ausgießen des Oberen ins Untere, wobei Oben und Unten gleichwertig sind.

Die Siebzehn kann auch interpretiert werden als $10 + 7$, als Zyklus des erneuten Lebens, oder als $1 + 7 = 8$, die

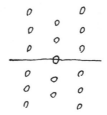

Große Mutter, das Weibliche, Zeugung und Geburt, als Erleben der Liebeslust.

Allgemeine Bedeutung: Meditation, Offenbarung, Vereinigung, Kreativität.

Im Bereich des Geistes: Unsterblichkeit. Das Selbst. Verzicht auf Sicherheit.

Im Bereich des Intellekts und Gefühls: Das innere Licht. Empfindung als geistige Wahrnehmung.

Im Bereich der Körperhaftigkeit: Die Hoffnung.

Kosmologische Bedeutung: In unserem Durst nach Selbstbestimmung haben wir uns von der universellen Lebensbasis abgesondert: wir leben nicht das Grenzenlose, sondern begnügen uns mit dem beschränkten Bereich der Sinnenhaftigkeit. Aber die leuchtenden Sterne über uns lehren, unser Trachten zu erheben. Symbol: das chaldäische Hierogramm oder der Stern der Ischtar mit acht Strahlen.

Kabbalistische Bedeutung: Himmel der Seele, Ausgießung der Gedanken, moralische Einwirkung der Idee auf die Formen, Unsterblichkeit.

Alchemistische Bedeutung: Der Weise erwartet und überwacht mit Ruhe, wie die Natur ihren Anteil am »Großen Werk« vollendet.

Freimaurerische Bedeutung: Der Führung beraubt, irren die Baumeister in der Nacht; ein Akazienzweig erinnert sie an die Fortdauer des Lebens.

Weg der Einweihung: Gönne dir den Schlaf, der verbrauchte Kräfte wiederherstellt. Wisse Schönheit und Freuden des Lebens zu genießen. Sei erfüllt von dem, was wert ist, geliebt zu werden.

Psychologische Bedeutung: Schönheit und Reichtum des immer neuen Lebens lassen die Führung durch höhere Mächte erkennen und ihr vertrauen. In Ritualen werden sie verehrt und beschworen.

BILD

Die nackte Figur läßt an Venus, Symbol der ausstrahlenden, strömenden Lebenskraft, denken, um so mehr, als die Karte den Morgenstern mit acht Strahlen zeigt; die acht Sterne erinnern an Karte VIII – die Gerechtigkeit –, welche Handlungen und ihre Folgen aufeinander abstimmt; auch an den Wagenlenker (VII), der das Sonnenemblem, hier durch den zentralen Stern dargestellt, auf der Stirn trägt und den Lauf des Wagens wie den der Gestirne regelt. Diese Karte steht in Verbindung mit der Astrologie als Möglichkeit, die Zukunft zu deuten. Die sieben kleineren Sterne bedeuten die sieben Planeten und die sieben Cakras der Inder: als Zentren der psychischen Energie, als die sieben Sphären, als die sieben Elemente der Körperhaftigkeit, auch die heilende Kraft der Liebe, welche den im Körper beschlossenen Lebenshauch durchleuchtet.
Das Gewicht des Körpers ist auf den linken Fuß verlagert, der sich auf die Erde stützt; der rechte ruht auf dem Wasserspiegel. So stellt sich in meditativer Versenkung das Gleichgewicht zwischen Bewußtsein und Unbewußtem, zwischen Wirken und Wesen, her.
Der auffliegende Vogel, Interaktion zwischen Oben und Unten, Bewußtem und Unbewußtem, ist ein Ibis, ein Symbol von Toth als Mondgott. Als solcher steht er in Verbindung mit dem zyklischen Ablauf der Zeit und deren Messung. Hier stellt er die Lebenskraft dar, die sich

zum Flug erheben will, um in anderen Sphären tätig zu sein.

Der immergrüne Akazienzweig ist das Bild der Hoffnung. Nach dem Gewitter von Karte XVI kommt der milde Frühlingsregen, das Versprechen erneuerten Wachstums, die Möglichkeit, menschliche Begrenztheit zu überwinden, heilende Naturkräfte zu erforschen.

AUSDEUTUNG

Im höheren Sinn: Unsterblichkeit, Schicksal, Vorausbestimmung. Die Nacht und ihre Geheimnisse. Schönheit, Ästhetik, Idealismus, Poesie. Unterscheidung zwischen trügerischem Schein und wahrem Sein. Schönheit des Dunkeln. Stilles Strahlen des Lebendigen. Schenken statt opfern. Verwirklichte Träume.

Im Profanen: Künstlerische Begabung, Intuition, Ahnungen, Astrologie. Charme, Lebensfreude, die das Gleichgewicht zwischen Anspannung und Entspannung, zwischen Mühen und Annehmlichkeiten des Lebens aufrechterhält. Vertrauen, Schicksalsgläubigkeit. Hoffnung auf Besserung, bevorstehender Wandel. Sensibilität, Verfeinerung, Zärtlichkeit. Epikuräer, Träumer.

Warnt vor: Zerstörung bestehender Harmonie, Frivolität oder Schamlosigkeit, Gezwungenheit, vor romantischen, unrealistischen Ideen, vor Geringachtung der täglichen Pflichten, Mangel an Voraussicht, Vorzeichen unbeachtet zu lassen, Unverständnis für symbolhafte Bedeutungen. Vor Unwissenheit, Geschäftigkeit und Leerlauf, mangelnder inneren Ruhe, Leichtgläubigkeit, Wankelmut, Vernachlässigungen; vor Neugier, Enttäuschung, Resignation; vor beschränktem Materialismus.

XVIII Der Mond

Tsade

Nachdem Karte XVI alles in Frage stellt und neuen Beginn erheischt, greift Karte XVIII zurück auf Früheres. Schwieriger Durchgang auch hier, zwischen Türmen – die wohl mit der Viererzahl bezeichnet werden dürfen – und heulenden Hunden hindurch, auf gewundenem Weg. Der im Teich lauernde zehnfüßige Krebs, die instinktive Energie, ruft das Rad des Schicksals ins Gedächtnis. Die Zehn unten, die zwei mal Vier oben ergeben die Zahl des Bildes: Achtzehn. Der sich im Wasser spiegelnde Mond symbolisiert durch seinen unablässigen Gestaltwechsel das Wechselvolle: Karte XVIII kennzeichnet das Verwirktsein in ein wechselvolles Weltschicksal, jedenfalls die Gefahr eines solchen.

Die Achtzehn kann auch als 1 + 8 = 9 × 2 gelesen werden, in der Kabbala die Mondphasen, die Transzendierung der Welt der Illusion, Schlaf, Unbewußtes, aber auch Beunruhigung und Versuchung.

Allgemeine Bedeutung: Schlaf, Traum, Introversion. Leidenschaft, Chaos, vegetative Organisation. Bewußtseinserweiterung.

Im Bereich des Geistes: Das Abgründige.

Im Bereich des Intellekts und Gefühls: Desorientierung von Verstand und Gefühl, Widerstandslosigkeit gegenüber dem Instinkthaften. Das Wechselhafte.

Im Bereich der Körperhaftigkeit: Enttäuschung, Verlassenheit.

Kosmologische Bedeutung: Der Weg zur Verwirklichung ist lang und verschlungen, gefährlich unter dem ungewissen Licht des Mondes. Symbol: Mond und Dreieck, das Zeichen des Krebses.

Kabbalistische Bedeutung: Die Elemente, die sichtbare Welt, das widergespiegelte Licht, materielle Formen, der Symbolismus.

Alchemistische Bedeutung: Das »Werk in Weiß« entspricht einer kostbaren Wahrheit, die sich aber geheimnisvoll der genauen Formulierung entzieht.

Freimaurerische Bedeutung: Die Überlieferung wird durch das, was in Legenden, Riten und Ahnungen fortbesteht, belebt.

Weg der Einweihung: Um dich im Kampf gegen Trügerisches zu ermutigen, weise weder Annehmlichkeiten noch trübe Erfahrungen von dir; nur auf eigene Kosten wird man klug.

Psychologische Bedeutung: Hier öffnet sich ein Zugang zu unbekannten Tiefen. Die Gefahr, vor unerträglichen Belastungen in Illusionen oder Verzweiflung zu flüchten, kann durch Aufgeben der Bindung an die Vergangenheit gebannt werden.

BILD

Dieser Karte sind Körperbewußtsein und Schlaf zugeordnet; während des Schlafes werden Gedanken und Strebungen der organischen Struktur einverleibt und die

höchsten Bewußtseinszustände verlangen vervollkommnete Organe. Das silberne Licht des Mondes erweckt die Einbildungskraft: visionär geschaut, in bildhafter Form, bergen Mythen und Märchen Wahrheiten, die rationales, beschränktes Verständnis übersteigen. Aber das ungewisse Licht des Mondes kann auch irreführen, uns verleiten, an die Realität unserer Illusionen zu glauben, in Tagträumerei zu versinken.

Das Licht der Sonne widerstrahlend, bedeutet der Mond auch Umkehr, Hinwendung zum wahren Licht. Die Windungen des aufwärtsführenden Pfades versinnbildlichen die Gesetzmäßigkeit der Wiederkehr, die zunehmende Vervollkommnung erlaubt. Die niederschwebenden Flämmchen, die Ein-Bildung, werden Körperhaftigkeit annehmen.

Der rückwärtsgehende Krebs, dessen Bereich die Vergangenheit ist, sorgt für die Sauberkeit des Wassers, indem er Verfaulendes vertilgt. Überlebtes muß beseitigt werden. Er verkörpert die reinigende Gewissensforschung, die bis zu den organischen Grundlagen vordringt und die Relativität des Vergänglichen erkennt.

Die beiden bellenden Hunde warnen vor verbotenen Gefilden, in die sich die Einbildungskraft, angestachelt von Angst und Sehnsucht, verirren kann; sie überwachen die Aufrechterhaltung der sozialen Ordnung.

Die beiden Türme erinnern an Karte XVI; sie bedeuten Körperhaftigkeit, Körperschaften, Innungen, Zünfte; sie wollen verhüten, daß sich der Wagemutige durch die Verlockung des Mondes in unwegsamer Einsamkeit verliert. Sie stecken den Grenzbereich sinnlicher Empfindung und Wahrnehmung ab, den man nicht ohne Gefahr überschreitet.

AUSDEUTUNG

Im höheren Sinn: Maya, Illusion der Stofflichkeit. Äußerer Schein. Ungewißheit der menschlichen Erkenntnis. Zerstörerische emotionale oder spirituelle Mächte können durch Intuition und Überlegung gemeistert werden. Vollmondrituale.

Im Profanen: Fähigkeit, Gefühlen zu mißtrauen und sie beherrschen zu lernen; die Zeit der Ruhe zu genießen. Prüfungen, die zur Erkenntnis führen. Gewissenserforschung. Körperliche Leiden. Bekehrung. Hellsichtigkeit, Vorstellungsvermögen, Einfälle. Leidenschaft, Unruhe. Seereisen, weite Umwege.

Warnt vor: Einbildungen, Launenhaftigkeit, Chaos; vor Aberglauben, Leichtgläubigkeit, Gedankenfaulheit; vor zweideutigen Situationen und materieller Abhängigkeit, berechnender Schmeichelei, Hinterhältigkeit, Täuschungen und Verrat; vor nichtigen Drohungen, vor Verzerrung der Wahrheit, Identitätsverlust, mentaler Grausamkeit, Ausspielen der Weiblichkeit, um Macht zu gewinnen, Mutterbindung, Verleugnung der Triebseite oder Verfallensein an sie. Vor zweideutiger Formulierung, vor Verzweiflung oder Menschenfeindlichkeit, vor Drogen, vor Mythologisierung der Technik.

Diese Karte deutet darauf hin, daß, sei es ohne oder durch eigene Schuld, der tiefste Punkt erreicht ist. Bei richtigem Verhalten, dessen Art durch die beim Auslegen folgenden Karten angedeutet wird, muß es aufwärtsgehen.

XIX   Die Sonne

Coph

Die Sonne erinnert mit ihren vier leuchtenden und vier sengenden Strahlen und dem betonten Zentrum an die Neun, Symbol des menschlichen Bewußtseins. Sein flakkerndes Licht ist nun zum sieghaften Tagesgestirn, zum Allbewußtsein geworden.

Die Zwillinge, Knabe und Mädchen – Verkörperung der Polarität –, stellen die wiedergeborene Menschheit dar, die sich auf dieser Stufe mit dem Allbewußtsein vereint. Sie mögen als doppeltes Pentagramm dargestellt werden = 5 + 5 + 9 = 19, die Zahl der Karte: sie kann auch interpretiert werden als 3 × 3, das harmonische Zusammenklingen zweier Dreiheiten, der individuellen und der universellen, oder als 9 + 9 + 1, eine Neuordnung der Dreiheiten, ein Neubeginn auf höherer Basis.

Zahlenmäßig gesehen bedeutet I den Beginn, 9 das Ende eines Zyklus. Arkanum XIX zeigt die in einsichtiger Vertiefung (IX) vorbereitete Erfüllung durch die Tat (I).

Allgemeine Bedeutung: Bewußtwerdung der Einheit des Lebens, des zeitbedingten Wechsels von Völle und Lee-

re. Neugestaltung, Wiederbelebung, Fruchtbarkeit-Unfruchtbarkeit.
Im Bereich des Geistes: Der höchste Himmel. Vollständigkeit.
Im Bereich des Intellekts und Gefühls: Wesenhaftigkeit.
Im Bereich der Körperhaftigkeit: Freude, Entzücken.
Kosmologische Bedeutung: Die Wahrheit kann den Sonnenkindern nicht mehr verhüllt werden. Symbole: das Zeichen der Sonne und der Zwillinge.

Kabbalistische Bedeutung: Vermischung, Kopf, Gipfel, Prinz des Himmels.

Alchemistische Bedeutung: Den Stein der Weisen besitzt, wer versteht, Irrtum in Wahrheit umzuwandeln.

Freimaurerische Bedeutung: Das Gold symbolisiert das wahre, das wiedergefundene Wort.

Weg der Einweihung: Sei verständig genug, dein Betragen klar sehen zu wollen. Vergiß nie, daß irdisches Glück nur in der Gemeinschaft zu finden ist.

Psychologische Bedeutung: Die lebensspendende, lebenserneuernde, stets gegenwärtige Kraft der spirituellen Sonne weist den Weg zur Selbstfindung. Sinn und Zweck des Lebens werden gesehen und erlebt.

BILD

Die Kinder deuten auf das neue Leben, das werden und wachsen will. Von der Sonne empfangen sie Licht und Wärme, durch die geraden, goldenen und durch die flammenden, roten Strahlen.

Der paradiesische Garten, in dem sie spielen, wird durch eine aus roten und gelben, rechtwinklig behauenen Steinen gefügte und durch blaue Streben verbundene Mauer geschützt: nur das Gefühl (blau) kann den Gegensatz zwischen der aktiven Energie, der Arbeit (rot) und dem erworbenen Wissen (gelb) überbrücken. Der Garten selbst mit seinen Blumen bedeutet die vier Reiche der Natur: das mineralische, pflanzliche, tierische und menschliche Reich, die neugestaltet zu höherer Bewußtheit wiedererwachen.
Die dreizehn orangefarbenen Kugeln stellen den Lebenshauch, das Prana der Inder, dar.

AUSDEUTUNG

Im höheren Sinn: Das Urlicht ordnet das Chaos. Geistige Klarheit zerstreut die Dunkelheit des Nichtwissens. Erleuchtung. Heilende Kraft des Sonnenlichtes, Liebe befreit von Angst. Heilungsrituale.

Im Profanen: Kunst, Poesie. Seelengröße, Friede. Freundschaft, Brüderlichkeit, Eintracht. Klares, durchdringendes Urteil, das verborgene Gefahren voraussieht, Bereitschaft, neue Ideen zu prüfen und anzunehmen, die Individualität des Partners zu respektieren, Annehmen der zeitbedingten Notwendigkeiten; persönliche Ausstrahlung, Beschützer. Erfolg auf dem gewählten Gebiet. Berühmtheit, aber auch nicht anerkannter Künstler, dessen Konzeptionen der Zeit voraus sind. Bescheidenheit und Ehrfurcht, Aufrichtigkeit. Kontrolle des Körpers, seiner Wachstumsbedingungen. Neubelebter Mut. Heirat, dauerhaftes Glück.

Warnt vor: Intellektueller Arroganz, geistiger Unfruchtbarkeit, Neugierde, Indiskretion, Besserwissen, Oberflächlichkeit und Ungenauigkeit in der Unterscheidung, vor Selbstbezogenheit, Bindungsunvermögen, vor zu großer Abhängigkeit vom Partner, Aufgabe der eigenen Persönlichkeit. Vor Eitelkeit, Geziertheit, Gekünsteltheit, Empfindlichkeit und Irritierbarkeit, vor Mangel an praktischem Sinn und Leichtfertigkeit: vor Vorübergehenlassen oder Nichterkennen günstiger Gelegenheiten. Warnt vor Schicksalsschlägen, Empfindlichkeit, vor Bluff, vor unnützen Anstrengungen oder Aufwand. Vor Vorspiegelung von Tatsachen. Vor Überschätzung technischer Errungenschaften und des Nützlichkeitsdenkens. Vor Unterminierung der Lebensqualität.

XX Das Gericht
(Die Auferstehung)

Resch

Der Engel kündet die Stunde der letzten Entscheidung, der Scheidung in Hell und Dunkel, in Leichtes und Schweres, an. Die vier Möglichkeiten der Fünf – der Zahl des Menschen – ergeben zusammen zwanzig. Zwanzig kann auch gelesen werden als 10 + 10, Symbole des individuellen und des universellen Kreislaufes.
Das menschliche Bewußtsein vereinigt sich mit dem Allbewußtsein; das Trennende, Einengende von Name und Form fällt dahin. Der erweckende Lebenshauch wird durch den Posaune blasenden Engel dargestellt. Sein Glorienschein sind zwei ineinander verschlungene Pen-

tagramme, die durch den Urteilsspruch geschieden werden.

Im Urteil (XX) wirkt das Unfaßbare, Ununterschiedene (0) durch seine unterscheidende Weisheit (II), während seine Vorhaben durch den Gaukler (I) im Rad (X) ausgeführt werden. Im Arkanum (X) offenbart sich der unerforschliche Ratschluß als Schicksal, im Arkanum (XX) wird seine Gesetzmäßigkeit vom Menschen erkannt.

Die Priesterin (II), die Gerechtigkeit (VIII) und das Gericht (XX) sind drei verschiedene Aspekte menschlichen Wissens um das Unvergängliche (0); zusammen vollbringen sie das »Große Werk«, die Wandlung des Sterblichen zur Unsterblichkeit.

Allgemeine Bedeutung: Der gegenwärtige Augenblick. Verwirklichung, Entscheidung.
Im Bereich des Geistes: Übergang von einer Existenz in eine andere.
Im Bereich des Intellekts und Gefühls: Veränderlichkeit.
Im Bereich der Körperhaftigkeit: Relativität und Gleichwertigkeit von Gut und Böse.

Kosmologische Bedeutung: Wenn sich der Geist dem Licht öffnet und das Herz der Güte, ist die Gefangenschaft im Kerker des Fleisches beendet. Symbole: das schiefe Kreuz, von einem geraden Strich durchschnitten.

Kabbalistische Bedeutung: Das Vegetative, die Hervorbringungen der Erde, das ewige Leben.

Alchemistische Bedeutung: Durch die Wirkung der Projektion wird alles Wandelbare zu Gold.

Freimaurerische Bedeutung: Was immer das Leben in sich birgt, ersteht verjüngt aus dem Grabe des Vergessens.

Weg der Einweihung: Vereint mit dem belebenden Hauch, streift der erleuchtete Geist die Enge körperlicher Bande ab.

Psychologische Bedeutung: Der Prozeß geistiger Reifung erweitert sich zum Begreifen des überpersönlichen und außerzeitlichen Charakters allen Geschehens.

BILD

Im Licht der Sonne, so klar es auch sein mag, wird nur der äußere Aspekt sichtbar; das eigentliche Wesen der Dinge muß durch Unterscheidung und Verinnerung erfaßt werden.

Das Kreuz auf dem viereckigen Banner deutet auf diese Unterscheidung durch Messen und begründetes Ermessen hin, auf Verwirklichung und auf den viereckigen, vierdimensionalen Stein der Weisen.

Der Engel ist das Selbst, von Wolken eingehüllt, weil die wahre Natur der Dinge durch die sichtbare Erscheinung verhüllt wird.

Die zwölf Strahlen vertreten die zwölf Tierkreiszeichen, den Ablauf des Jahres; die zwölf Feuerzungen begeistern den heldischen Geist zu großmütigem Handeln, das Feingefühl zu aufopferndem Dienst und verleihen geistigen Führern die Fähigkeit, ihr Wissen zu übermitteln.

Die Ahnen der neuerstandenen Menschheit – das Bewußtsein, der weise menschliche Verstand und das Unbewußte, der religiöse Aufschwung, das Denken des Herzens – werden durch Mann und Frau dargestellt. Das Kind ist ihr Erbe. Es empfängt, was Vergangenes überschreitet; leuchtend und völlig offenbart sich in ihm die vordem zerstückelte Wahrheit.

AUSDEUTUNG

Im höheren Sinn: Initiation. Die Dreiheit Körper-Leben-Wesen wird bewußt. Inspiration, die zur Erleuchtung führt. Vergeistigung der Materie, Innigkeit, Unerschrockenheit, Bereitschaft. Wahrheitsgetreue Beurteilung der eigenen Taten und Unterlassung, Überwindung des Todes. Alchemistische Sublimation. In Mediationszuständen wird die Glorie des Lebendigen erweckt. Erlernte Fähigkeiten werden spielend eingesetzt.

Im Profanen: Prophetische Seherschaft, Erweckung der höheren Sinne, Vorhersage der Zukunft, Rückschau in vergangene Leben. Anerkannte künstlerische Begabung. Begeisterung, Frömmigkeit, Heilung, Befreiung. Rechtes Urteil, Wiedergutmachung erlittenen Unrechts. Prediger, Propagandist, Reklame, Lärm.

Warnt vor: falscher Begeisterung, vor allem nutzlosen Geschwätz und Unternehmungen, die nur dem eigenen Ruhm dienen, vor Selbsttäuschungen und falscher Einschätzung der Werte durch getrübte Urteilsfähigkeit, vor Überspanntheit, vor Überforderung der Kräfte, vor Überreizung, vor Rauschgiften.

XXI   Die Welt

Tau (Shin)

Schwerelos tanzt ein Mädchen – wirbelnde Bewegung erzeugt die Welt. Arme und Kopf bilden ein Dreieck, die Füße zeigen mit der Diagonalen das Viereck an. Wie in Karte IV deutet diese Haltung auf das Zeichen des Schwefels, das zentrale Feuer, das unbeweglich flammt und alle Bewegung unterhält.

Die beiden Stäbe in ihren Händen symbolisieren Integration und Desintegration; ihre kugelförmigen Enden sind abwechselnd rot und blau: das rote fängt die feurigen Energien auf und leitet sie mittels des blauen, des empfangenden, an den Stoff weiter. Die tanzende Figur kann auch als Hermaphrodit gesehen werden, als Wiederherstellung der göttlichen Einheit, dies in der materiellen Welt als Mann und Frau. Die Zahl Einundzwanzig kann auf verschiedene Arten gedeutet werden: die zentrale Figur als der vollkommene Mensch wird bezeichnet mit der Zahl Fünf; die apokalyptischen Symbole werden als die vier Elemente aufgefaßt, der Kranz bildet eine Einheit. Dann erhalten wir $4 \times 5 = 20 + 1 = 21$.

Oder wir fassen die vier Symbolgestalten nicht als Elemente auf, sondern zugehörig den nach Temperamenten und Eigenschaften verschiedenen Menschentypen.

Ferner kann die Zahl Einundzwanzig auch als Summe der Zahlen von 0 bis 6 aufgefaßt werden, weil sie alle die auf dieser Karte dargestellten Ideen umfaßt. Die Karte bedeutet das Erwachen aus der Befangenheit irriger Anschauungen zum Erleuchtungszustand, in dem Bedingtes und Absolutes zugleich als dasselbe und nicht dasselbe wahrgenommen werden. Die Vielfalt der Blätter sind die vielfältigen Erscheinungsformen, unter denen das Eine unserem Denken erscheint.

Allgemeine Bedeutung: Kosmisches Bewußtsein.
Im Bereich des Geistes: Erleuchtung. Freude, Auge.
Im Bereich des Intellekts und Gefühls: Erkenntnis. Begeisterung.
Im Bereich der Körperhaftigkeit: Gehorsam. Freudiges Annehmen.

Kosmologische Bedeutung: Aus dem Chaos gliedert sich die Ordnung, zu der wir durch unsere Tätigkeit beigetragen haben. Symbole: das Tau und die Swastika.

Kabbalistische Bedeutung: Bewußtsein. Das Sensitive, das Fleisch, das vergängliche Leben.

Alchemistische Bedeutung: Das »Große Werk« ist vollbracht, das Reich durch Vervielfachung gewirkt.

Weg der Einweihung: Über das Zufällige hinausgewachsen, trittst du ein in das Reich endgültiger Geordnetheit. Verwirkliche in dir selbst die vollkommene Schöpfung.

Psychologische Bedeutung: Ihrer Erdenschwere entkleidet, werden alle Dinge zu dem, was sie von anfangloser Zeit her sind.

BILD

Umrahmt wird die Lebenskraft von einem elliptischen Kranz, Begrenzung und Vertiefung in einem. Er kann auch gesehen werden als Schlange, das Sinnbild der sich im Augenblick stets erneuernden Unendlichkeit sowie der menschlichen Klugheit oder als die vollendete Eiform – als das Ei, das den Keim des neuen Lebens enthält, ihn schützt und ernährt und das ausgebrütet werden muß. Das Werk. Erfüllung der Aufgabe.
Die uralten Symbole: Engel, der vollkommene Mensch, Stier, Löwe und Adler entsprechen den weltschaffenden Elementen des Gauklers auf Karte I.

AUSDEUTUNG

Im höheren Sinn: Ganzheit, Wiedereinsetzung. Verzükkung. Vollendung, Vollkommenheit des Universums. Beherrschung der mentalen und der psychischen Kräfte, Körperbeherrschung. Absichtslosigkeit. Kompensation des bewußten Standpunktes. Befreiung von Wunsch und Angst. Völligkeit von Erfahrung und Erinnerung. Die Zeit zwischen den Jahren: die zwölf Nächte nach der Wintersonnenwende. Die wilde Jagd.

Im Profanen: Erfolg, glückliche Vollendung des Begonnenen. Günstige Umweltbedingungen. Vollständigkeit und Allgemeingültigkeit des Wissens. Altruismus, Liebe zur Menschheit, Inspiration, Opferbereitschaft, Kontemplation, Ekstase. Unbestechliche Rechtschaffenheit. Staatsmann, Reisen.

Warnt vor: Mißerfolg in der Planung oder Ausführung, Nichtbeachtung von Intuitionen oder Schicksalswinken, Hinterhältigkeit, Zerstreutheit, Vermögensverlusten.

Verachtung anderer oder Selbsterniedrigung und Selbstverachtung. Abstieg auf der sozialen Rangliste, vor äußeren, unüberwindlichen Hindernissen und feindlich gesinnten höheren Personen.

0   Der Narr

Shin (Tau)

In immerwährender Bewegung und Wandlung sind die Bilder von I bis XXI; außerhalb ihrer, in ewiger Jugend, verharrt der Narr; regungslos, arm und bloß, ohne Name und Form. Während seiner Wanderschaft sind ihm alle Herrlichkeiten und Schrecken der Welt begegnet. Er hat sich selbst kennengelernt und sich selbst vergessen. Er hat sich gelöst aus Drehung und Wandlung, heimgekehrt ist er ans andere Ufer, ins Unerkennbare, Ungestaltete, ins seiende Nicht-Sein.

Der Sack, den er auf dem Rücken trägt, umschließt den Atem des Himmels, den Lebenshauch, die alles durchdringende und bewegende Kraft. Auf diese Bedeutung weist der Name der Karte hin: Fou oder Fol, der Narr, kommt von »follis«, was einen mit Wind gefüllten Sack

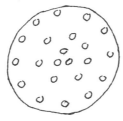

bedeutet. Es ist sowohl das abgründige Unfaßbare wie das Unwirkliche, Unreale.

Geduldig trägt er sein Los. Der Stab ist sein Wanderstab und der Stab des Magiers aus Karte I.

Der Kreis, die Null, ist das Bild des Welteies, das alle Keime in sich trägt.

Allgemeine Bedeutung: Undifferenziertheit. Die zehntausend Dinge. Die achtlose Wanderschaft des Menschen zur Ganzheit, angestachelt von Vorstellungen, Hoffnungen und Befürchtungen, bedrückt von Vergangenem.

Im Bereich des Geistes: Auslöschung, Einsicht in die Wesenhaftigkeit, Unverständnis, geistiger Tod.

Im Bereich des Intellekts und Gefühls: Erkennen der Einheit, Nichterkennen oder Nichtbeachten universeller Gesetzmäßigkeiten.

Im Bereich der Körperhaftigkeit: Erfolg oder Mißerfolg.

Kosmologische Bedeutung: Die geordnete Vielheit (XXI) führt zur absoluten Einheit. Als Sinnbild der unfaßbaren Unendlichkeit, des unergründlichen, unbegreifbaren Abgrundes steht der Narr zwischen Anfang und Ende. Symbol: das Zeichen des Alauns.

Kabbalistische Bedeutung: Ensoph, das Absolute, das Paradox. Der Mikrokosmos, das Zusammenspiel von allem und jeglichem.

Alchemistische Bedeutung: Das unveränderliche Gold besteht letztlich aus jener Substanz, welche die Wurzel aller Dinge ist. Dieses urstoffliche Salz, das Prinzip aller anderen Salze, nennt sich Alaun. Sein Symbol ist der leere Kreis.

Freimaurerische Bedeutung: Geschaffenes entsteht aus der notwendigen Tätigkeit. Indem wir Endliches dem Unendlichen gegenüberstellen, begrenzen wir das Reich des Narren, in dessen unaussprechliches Geheimnis einzudringen unserer Vernunft versagt ist.

Weg der Einweihung: Wenn du den Gipfel erreichst, wird dein Blick in die Tiefe des Unfaßbaren tauchen, den Abgrund ohne Grund, die große Nacht, den Urschoß alles Geschaffenen.

Psychologische Bedeutung: Der Narr zeigt die Vergänglichkeit alles Irdischen, allen Rollenspiels, allen Ichglaubens. Furchtlos gibt er alle Sicherungen auf. Er wagt sich in unbegangene Weiten vor.

BILD

Der Narr ist der ewige Jüngling, die sich immerfort gleichbleibende Kraft. Sein weißes Unterkleid bedeutet Weisheit, Reinheit, Unschuld. Überdeckt wird es vom buntgefleckten Oberkleid, dem Sinnbild der Unwissenheit und Täuschung, der Leidenschaft, des ichbezogenen Handelns. Der Gürtel stellt die kraftvolle dauernde Kreisbewegung des Himmels dar. Die vollendete Bewegung ist ein »Tag«. Das Ziel seiner Reise ist überall und nirgends.

Ohne zu wissen, wohin der Weg führt, verstrickt in seine Vorstellungen, Wünsche und Befürchtungen tanzt er, wie die Menschheit, sorglos und ziellos dem Abgrund entlang. Er achtet nicht des Weges, reißt sich blutig an Dornen und Disteln. Die Straße ist seine Heimat, selten nur nimmt eine Gaststätte den Mittellosen auf.

Geduldig trägt er das ihm auferlegte Bündel. Wie das ungeborene Kind weiß er nichts von den Kämpfen und Niederlagen, die ihm bevorstehen, noch kennt er seine Entfaltungsmöglichkeiten. Das Bündel enthält Tand und Flitter: Träume, Phantasien, Erfolge – aber auch Ideale bringen Gefahr, sobald sie uns verleiten, die konkrete Gegenwart gering zu achten. Daneben birgt sein Sack auch unnützes Spielzeug, wie die nötigen Utensilien, um sein Leben zu fristen.

Auf den groben Ast, der ihm als Wanderstab dient, stützt er sich, wenn er müde ist; nachts tastet er sich mit Hilfe dieses Steckens vorwärts; erspürt verborgene Hindernisse; wird er angegriffen, so dient der Stab als Waffe. Wird der Narr so närrisch sein, den sicheren Weg zu verlassen, um den unermeßlich tiefen Abgrund zu ergründen? Der Hund, das Mentale, der Intellekt – ein treuer Gefährte –, sucht seinen Herrn zurückzuhalten. Er spürt den richtigen Weg auf und treibt den Wanderer an, weiterzugehen. Findet er einen Knochen, so muß der Wanderer eine Rast einschalten, wittert er Wild, so reißt er den Narren mit sich fort. Nachts bewacht und verteidigt er den Schlaf seines Herrn, er stört ihn aber auch, wenn er den Mond anheult. Der Wanderer kann dem gelehrigen Hund Kunststücke beibringen, die er zur Freude der Kinder oder auf dem Jahrmarkt für Geld vorführt.

Die weiße Sonne ist die absolute Einheit vor allem Anbeginn. Sie erstrahlt in allen geschaffenen Sonnen. Sie ist die in sich ruhende Mitte aller Bewußtheit, Beweger alles Bewegten.

Reiner Anschauung erscheint hier die geahnte Blume in ihrem immerwährenden Sein dieselbe, die zu Füßen des Magiers (I) und Herrschers (IV) blüht, und eine andere zugleich.

AUSDEUTUNG

Im höheren Sinn: Die Leere, Verlöschen des Wahns. Geistige Armut. Gleichmut. Unbekümmerte Losgelöstheit. Liebe ohne Werten, Erspüren statt Wissen. Verantwortung ohne Macht.

Im Profanen: Rezeptivität, Verzicht auf Widerstand, auf den egoistischen Willen. Heiterkeit, Gestilltheit der Unruhe. Schuldlosigkeit, Mediumnität.

Warnt vor: Narrheit, geistiger Umnachtung, Unverstand, Verlust der Urteilsfähigkeit, Nachgiebigkeit gegen fremde Einflüsse, Unterwerfung unter fremden Willen und okkulte Kräfte. Warnt vor Unaufmerksamkeit, Unempfindlichkeit, Nachlässigkeit, Nachgiebigkeit gegen Launen und närrische Einfälle. Unfähigkeit, seine Fehler einzusehen und einzugestehen. Vor sturem Beharren auf Meinungen und Vorurteilen, vor Nichtverstehenwollen und -können. Vor Zügellosigkeit und unnützen Selbstvorwürfen, vor geistiger Öde und Materialismus, vor Verlockungen, Irreführungen, Abenteuern, Überfällen, vor psycho-somatischen Störungen, Atembeschwerden. Vor Vernichtung. Selbstaufgabe.

Bedeutung der Symbolik

Das Kapitel »Bedeutung der Symbolik« ist für Leser bestimmt, die in der Interpretation von Bildern noch ungeübt sind. Indem sie sich anhand der Ausführungen die Bedeutung jeder einzelnen Karte vergegenwärtigen, Beziehungen zwischen den einzelnen Symbolen herstellen und diese kombinieren, wird ihnen das Kartogramm ermöglichen, Rückschlüsse auf die eigene psychophysische Verfassung wie auf die Ursache ihrer Schwierigkeiten zu ziehen und Anregungen zur Meditation vermitteln.

Grobe Mißverständnisse können aus einer unterschiedlichen Terminologie entstehen, ebenso aus dem Aufpfropfen eigener, religiöser oder sozial geprägter Begriffe auf andere Begriffswelten wie z. B. christliche auf kabbalistische Auffassungen. Vorlieben für oder Antipathien gegen Worte können Akzentverschiebungen der Deutung verursachen. Die Zeit, zu welcher die Aussagen des Kartogramms aktuell werden, ist unbestimmt.

Ausdeutungen bleiben in hohem Maße subjektiv. Das gleiche gilt auch für die angeführten Bedeutungen der Symbole. Man muß sich bewußt bleiben, daß jede Interpretation von der Aufnahmebereitschaft und Konzentrationsfähigkeit des Fragenden abhängt wie vom Wissen und der Disposition des Interpreten. Nicht zuletzt spielen auch Stimmungen und Erwartungen des Fragenden eine Rolle.

Das Tarotspiel versinnbildlicht den in sich geschlossenen

Weg des Menschen zur Selbsterkenntnis und Selbstentfaltung, den mittleren Weg, der von der Verhaftung an das Ich zum Selbst, zum Allbewußtsein, führt.

Die Bewußtseinserweiterung ist ein langsamer Wachstumsprozeß, der involutiv und evolutiv verläuft; er ist zeitbedingt, abhängig von der Dauer der Vitalenergie, welche die Bewegung des Urgeistes, des Windes, trägt und vermittelt.

In der Einfaltung werden alle Manifestationsebenen bis in die grobstoffliche Materie von Urgeist durchdrungen; bei der Entfaltung nimmt der Geist eine intelligible Form in lebenden bewußten Erscheinungen an, die zu ihrem Ursprung zurückkehren.

Die erste Siebenzahl der Karte deutet auf die beschränkte Interaktion von Himmel und Erde, die Figuren sind in hieratischer Haltung, wenig bewegt.

Die zweite Siebenzahl deutet auf eine erweiterte und vertiefte Verbindung zwischen Selbst und Ego, den Kampf zwischen Logos und Eros, der die Figuren immobilisiert; sie zeigt auch die Eingliederung des einzelnen in die Gesellschaft.

Die dritte Siebenzahl stellt eine ungehinderte Verbindung zwischen Urgeist und menschlichem Geist, zwischen Himmel und Erde dar, auch zwischen Körperlichkeit und Empfindung in all ihren Dimensionen, dem Fortschreiten im Kreise und in gegenläufiger Bewegung; den Tanz.

Tarotkarten sollten nicht nur nach der linearen Abfolge gedeutet werden – auch die zyklische ist wichtig. Jede Karte ist, in ihrer Bewegung durch Raum und Zeit betrachtet, der Punkt, auf dem der Magier (I) Fuß faßt und nicht Fuß faßt, der Punkt, an dem sich die Geister scheiden (XX).

Im Tarot gehören die Karten immer paarweise zusammen; stellt die erste Karte einen Mann dar, so ist die zweite weiblich, und umgekehrt. Im ersten Fall betrifft die Aussage primär die männliche Komponente des Menschen, den Animus, im zweiten seine feminine Komponente, die Anima.

Jede Karte erweitert im Hinblick auf die vorhergehende die Bewegungsfreiheit des Menschen, nachdem der richtige Gebrauch der bisher erreichten durch deren Einschränkung erlernt wurde. Bewegung – Ruhe. Fortschreiten – Stillstand. Aktivität – Passivität. Höchst- und Tiefstpunkt zugleich.

Karte I und II. Nachdem der Gaukler den Impuls, die erste Bewegung der potentiellen Lebenskraft, ihren Willen zur Entfaltung, aufgefangen hat, hegt und nährt ihn die Hohepriesterin mit jener Liebe, die alles trägt und erduldet. Diesen beiden Karten entsprechen im Menschen folgende Spannungen: Yang, feuriges Prinzip = Animus, Intellekt. Yin, wäßriges Prinzip = Anima, Gefühl, Sensitivität. Augen – Unterleib.

Karte III und IV. Hier zeigt sich das Zusammenwirken von Gaukler und Priesterin als Fähigkeit der Natur, ideelle Urbilder in Erscheinungsformen nachzuahmen. Der Herrscher regiert durch seine Gegenwärtigkeit Sichtbares und Unsichtbares, das Reich des Formlosen und jenes der Formen und Namen nach den ihnen einwohnenden Gesetzmäßigkeiten.

Karte V und VI: Priester und Entscheidung bestimmen die Wahl des Weges, der sich nach zwei verschiedenen Richtungen öffnet. Wird der schwere Weg gewählt, so beschränkt er die Freiheit, die noch im Bereich des Naturhaften waltet, durch ethisch-moralische Grundsätze.

Karte VII und VIII. Nachdem die Entscheidung getroffen und die Orientierung des Willens feststeht, können sich die Kräfte frei entfalten, im Unterschied zum Herrscher (IV), der unbeweglich auf seinem Throne sitzt. Es besteht aber auch die Gefahr, daß sich der Wagenlenker über die einzuschlagende Richtung nicht im klaren ist und daß er die Entscheidung hinausschiebt. Sein eigenes Gewissen aber ist der Richter, der feststellt, wie sich seine Grundsätze in seinen Taten auswirken und welches die Folgen sind. In der Außenwelt wird das Gewissen durch die Gerechtigkeit vertreten. Ihre Darstellung erinnert an die Herrscherin (III). Da sie ohne Flügel ist, kann sie sich nicht über Tatsachen, so wie sie zu sein scheinen, erheben.

Nachdem der Mensch der ihm gegebenen Mittel mächtig geworden ist, zieht er sich, durch Erfahrung und Erkenntnis weise geworden (IX), aus dem Weltgetriebe zurück. Aller Verpflichtungen enthoben, stehen ihm aber auch keine weiteren Entfaltungsmöglichkeiten mehr offen. Sein Schicksal erfährt er durch Karte X. Bestimmt von seinem eigenen Willen führt es ihn aufwärts oder abwärts.

Das anbrechende Zeitalter des Aquarius wendet sich von der zerstörerischen Leistungsgesellschaft ab, einer sinnvolleren Lebensführung und einer lebens- und lustvolleren Spiritualität zu. Sexuelle Revolution, aber auch Vermarktung des Sexes. Eine umwälzende Einstellung zur Natur vollzieht sich, der Kampf um die ökologische Gesundung hat begonnen. Die Große Mutter wird wieder in ihre Rechte eingesetzt.

Neue religiöse Formen bilden sich. Die Entmythologisierung der Wissenschaft hat begonnen. Übergang vom Zeitalter der Automatisierung in jenes der Elektronik.

Soziale Problematik. Distorsionen im Währungssektor. Probleme der Dritten Welt.
In vorliegendem Spiel wird das Rad des Schicksals, anstatt auf die Erde gegründet zu sein, von zwei Booten getragen. Diese Darstellung entspricht unserer Zeitepoche, in der alle festen Werte schwanken, und Neuland, durch Einbeziehung des weiblichen Elementes, angesteuert wird. Das Schiff rettet vor dem Ertrinken, sein Boden erlaubt, Fuß zu fassen. Karte XI bezeichnet einen Neubeginn, das Wirken unterschwelliger Mächte in den dunklen Innenräumen. Der geistige Tod (XII), die Umkehr des Willens, Loslassen, setzt Unerschrockenheit und Gleichmut voraus.
Der geistige oder physische Tod (XIII) muß als Prozeß des Lebens angenommen, die Angst vor dem Unbekannten überwunden werden. Dann erst wird der weitere Weg (XIV) frei.

Karte XV und XVI. Ganzwerdung, Selbstauszeugung verlangt das Annehmen, die Vergeistigung der instinkthaften Kräfte, denn sie bergen unermeßliche, schwer zu schürfende Schätze. Nur wenn wir über sie verfügen, können wir den Verlust all dessen, was wir mit unserer Lebensarbeit erworben haben, gleichmütig hinnehmen.

Karte XVII und XVIII. Hier leuchtet der Sinn aller Prüfungen, aller Schrecken, aller Verzichte und seine Bedeutung in bezug auf uns selbst auf. Erst diese Erkenntnis befähigt uns, das ewig Wechselvolle in der Wiederholung hinzunehmen.
Während in Karte XVII und XVIII die Vorstellung einer neuen Welt erweckt wird, gestaltet sich diese in Karten XIX und XX zur Wirklichkeit.

Karten XXI und 0 stellen die Befreiung des Menschen

aus allen Verstrickungen durch das reglose flammende Opferfeuer dar. Freisetzung aller Lebenskräfte – der Tanz. Der Narr, sorglose Unbeschwertheit, Ende und Neubeginn. Erkenntnis oder Sinnlosigkeit.
Jede dritte Karte ist sowohl »Kind« der beiden vorhergehenden, wie sie auch den Keim einer neuen Entwicklung, einer Erweiterung des Bewußtseins, in sich birgt. So zeigt Karte IV das Auftauchen neuer Gesichtspunkte durch Überschreiten des familiären Kreises; durch die erreichte Bewegungsfreiheit des Bewußtseins wird die Eingliederung in das soziale Gefüge ermöglicht. Karte X vermittelt den Übergang zu einer neuen Bewußtseinsordnung, Karte XIII die Befreiung aus dem Illusorischen, durch die in Karte XVI der Gleichmut erreicht wird als Voraussetzung einer Assimilierung der Gegensätzlichkeiten. Damit in Karte XXI die Selbstfindung, Selbstauszeugung glückt.

Die Arkana und ihre gegenseitigen Beziehungen

Die hermetische Weltanschauung geht davon aus, daß Makrokosmos und Mikrokosmos einander spiegelbildartig entsprechen. Dem erkennenden Geist steht als Erkennbares die körperhafte, gefühlte und verstandesmäßig erfaßbare Welt gegenüber; unmittelbare Erkenntnis liegt jenseits des Unterscheidbaren. Aufgabe des Tarot ist es, dem menschlichen Begreifen die Bausteine der Welt, die Archetypen, in bildhafter Darstellung näherzubringen.
Symbole weisen auf eine dem Verstand schwer erkennbare und definierbare Wahrheit hin: sie werden aus je-

nem Schatz von Bildern geschöpft, die jeder Mensch mit sich ins Dasein bringt, die ihm eingeboren sind. Auch völlig verschiedene Bilder können das Gleiche ausdrükken. Das Symbol wirkt als Umformer, indem es die psychische Energie spiegelbildlich aus einer sachbezogenen in eine ideelle Form umgießt, um uns zu einer unmittelbaren Erkenntnis jenseits des Unterscheidbaren zu verhelfen, in der der Geist sich selbst erkennt.

Archetypen sind also Ordnungsfaktoren des kollektiven Unbewußten, deren Bedeutung jeder Mensch für sich selbst bestimmen muß. Ihre Kräfte werden zuerst als Projektionen in der Außenwelt erfahren; jeder Archetyp wirft einen Schatten, der ihm im Umfang entspricht und vom Menschen als das »Böse« erfahren wird.

Den Ursprung der Symbole, der Archetypen, dem kollektiven Unbewußten zuzusprechen, scheint eine Verwechslung zwischen dem unteilbaren Bereich des geistigen Lichts und dem passiven Seelengrund vorauszusetzen; die dort erscheinenden Urbilder können eine Erinnerung oder eine Ahnung der Urbilder sein, eben ihr Spiegelbild. Durch konzentrierte Betrachtung der Karten wird dieses Spiegelbild im Menschen aktiv, entfaltet seine Wirksamkeit.

Dasselbe Symbol kann gänzlich verschiedenen Funktionen entsprechen, je nachdem, ob es auf Naturvorgänge, Lebensbedingungen oder Elemente bezogen ist. So bedeutet z. B. Luft auf psychischer Ebene etwas Eindringendes, das Wesen Durchdringendes, ein durchdringendes Gefühl. Auf physischer Ebene den Wind, die Bewegung, die Entfaltung. Als Element wird es dem Holz gleichgesetzt: so ist der Mensch vom Gefühl durchdrungen und bewegt wie der Baum vom aufsteigenden Saft und der Luft, die ihm Leben verleiht.

Elemente sind nicht im naturwissenschaftlichen Sinn zu verstehen als unveränderliche Zustände. Im Tarot werden sie als Prinzipien gesetzmäßiger Veränderung, als Prinzipien der *Wandlung* (wie im I Ging) aufgefaßt. Sie stehen für Gegebenheiten, die immer wieder nach den ihnen innewohnenden Gesetzen in derselben Form auftreten und deshalb den Anschein der Dauer erwecken. Der ganze Tarot ist auf dem Gottesnamen aufgebaut, den Vierheiten als Ordnungsfaktoren in Raum und Zeit. Ihre Unterscheidung bedeutet Bewußtwerdung; aktiv werden diese Ordnungsfaktoren im Unbewußten.

Die Vierheiten, mit denen der Gaukler (I) arbeitet, sind die vier Elemente: er arbeitet in der Zeit mit Feuer und Erde = Dauer, senkrechte Linie, und im Raum mit Wasser und Luft = Maß, waagrechte Linie.

Wenn man den Aufbau des Tarot, die logischen Beziehungen der Karten zueinander verstehen will, muß man die numerischen Zwischenräume beachten.

Karte I = Wille, X Wiedergeburt,
XIX Leben im Licht.
Karte II = Wissen, XI Energie, XX Erneuerung.
Karte III = Handlung, XII Opfer, XXI Belohnung.
Karten IV und XIII = Realisation und Transformation.
Karten V und XIV = Güte und Verbindung.
Karten VI und XV = Wahl, verbindende Kraft.
Karten VII und XVI = Sieg, verteilende Kraft.
Karten VIII und XVII = Gleichgewicht, Keim, Hoffnung.
Karten IX und XVIII = Vorsicht, verborgene Gefahren.

Bedeutung der Figuren

Die Figuren des Tarot sind in ständiger Bewegung zu denken, tanzend wie der tausendarmige Shiva; ihre Bedeutungen überschneiden und ergänzen sich vielfältig (siehe auch Kabbalistisches Tarot).
Jede Karte stellt einen Archetypus dar: die Verkörperung von Kräften, die Gesichter sind gekennzeichnet durch eine typische Maskenhaftigkeit, die eine neutrale Projektionsfläche darbietet. Je nach der Stimmung, in der wir uns befinden, fängt das Gesicht an zu wechseln, es strahlt, verängstigt oder tröstet. Die Karte ist dann nicht mehr Idee, sie wird zum Ereignis.
Alle Karten betonen die Wichtigkeit der Aufmerksamkeit, die zur Erkenntis der Tat, zur Selbsterkenntnis verhilft; alle, insbesondere die Karten X, XI und XX, warnen vor Unaufmerksamkeit, Zerstreutheit, vor bloßem routinemäßigem Tun.
Eine nackte Figur deutet auf die unverschleierte Wirklichkeit, welche die Instinkthaftigkeit des Menschen einbezieht, eine bekleidete deutet auf intellektuelle Konstruktionen und auf die Position in der Gemeinschaft. Von vorn gesehen ist die Unwandelbarkeit der intelligiblen Formen gemeint, die das Geschehen bestimmt.
Die Orientierung der Figur im Raum zeigt die Natur der Handlung an. Das linke Profil der Figur ist Meditation und überlegtes Handeln, während das rechte auf Aktivität hinweist. Bei einer sitzenden Figur wird die innere Entwicklung betont; kommt die Karte verkehrt zu liegen, so deutet dies auf Widerstand und Untätigkeit.
Dem Kopf ist eine maßgebende Bedeutung zugeordnet, er verrät die Gerichtetheit des Willens. Ein entblößter Kopf drückt ein Handeln im geistigen Bereich aus, die

Kopfbedeckung verweist auf Handeln im materiellen, stofflichen Bereich. Die Symbolik der Karte bestimmt den Bereich, dessen Gesetzmäßigkeiten der Wille untersteht; so verrät z. B. die Krone die beherrschende Macht der Ausstrahlung; liegt die Karte verkehrt, so ist der Mißbrauch der Macht gemeint.

Haare sagen etwas über individuelle Absichten aus. Gelb deuten sie aufbauende Realisierung an, verkehrt liegend sind negative Auswirkungen vorauszusehen. Bei dunklen Haaren sind die Wirkungen noch nicht eingetreten. Der Bart zeigt Willenskonzentration auf ein bestimmtes Objekt an.

Der Hals als Übergang vom Kopf zum Körper klärt uns über die Beziehungsmöglichkeiten des Denkens zum Leben auf; ist er frei, so stehen diesen Möglichkeiten keine Hindernissse im Weg; bedeckt, zeigt die Farbe den ausschlaggebenden Faktor durch ihre Farbe an, z. B. Rot = den zur Aktivität drängenden Impuls.

Das Gefühlsleben, mit dem die ethischen und moralischen Impulse verknüpft sind, wird in der Brustpartie lokalisiert, im Unterleib die kreatürlichen Dränge. Bei der Interpretation ist die Farbe des Kleides maßgebend. Der Gürtel zeigt den Übergang von impulsivem zu vorausblickendem Handeln, bei umgekehrter Karte ist Voreiligkeit zu befürchten.

Die Arme bedeuten Ausführung, der rechte übermittelt Entschlüsse, Hoffnungen, der linke die gefühlsmäßige und unbewußte Einstellung. Nach oben zeigend, nimmt er geistige Kräfte auf, gesenkt meint er Unentschlossenheit oder bei verkehrt liegender Karte Unterwerfung unter fremde Gesetzmäßigkeit. Berührt der Arm den Gürtel, so ist das Zusammenwirken psychischer und physischer Kräfte angezeigt.

Die Hand symbolisiert die magische Macht des Menschen, sein Wissen um die geheimen Wahlverwandtschaften, um die Beschleunigung oder Verlangsamung der Abläufe. Sie kann festhalten oder loslassen.
Beine zeigen die Umsetzung von Intentionen und Gefühlen in die konkrete Tat an; sind die gekreuzt, so ist diese noch verhindert. Sitzt die Figur, so besteht eine solide Basis. Der erhobene Fuß bedeutet eine Reise, je nach seiner Farbe eine Ortsveränderung oder Introspektion.
Ouroborus: Wirklichkeit die sich selbst genügt.

Die Symbolsprache der einzelnen Karten

KARTE I: DER GAUKLER

Kosmische Lebensenergie. Lemniskate: Unendlichkeit, abgerundete, geschlossene Einheit. Die vier Elemente, die sich gegenseitig durchdringen. Äthervibration, Bewegung, Verbindung, Wind, Holz, als fünftes Element der Ganzheit, ewig fließender Lebens- und Bewußtseinsstrom. Möglichkeit des Menschen, Einsicht in die Planung der Welt zu erlangen. Handeln, um zum Nichthandeln zu gelangen. Zyklischer Ablauf ohne Beginn noch Ende; ohne die Richtung ihres Flusses zu ändern, wirkt dieselbe Kraft in verschiedenen Richtungen und schafft dadurch den Ausgleich. Integration des Mikrokosmos in den Makrokosmos. Spirale als Werterhöhung der Spannung, energetische Reserve. Geistiger Himmel, den die Sonne auf ihrer Bahn durchläuft.

Himmlisches Herz als Wurzelkeim des Sinns; Geistfeuer offenbart sich als Licht und Leere; es entfaltet sich in der Vielheit des Individuellen in rechtsläufiger Bewegung, als Tod (Prozeß des Lebens in der Einfaltung) in linksläufiger Bewegung. Doppelte Natur des männlichen Prinzips.

Stab: Verwendung, Tätigsein, Wirken. Gerichtete aktive Kraft. Beherrschung. Wirklichkeit als Stütze und Züchtigung. Kommunikation auf äquivalenten oder verschiedenen Ebenen.

Abgrenzung. Regelmaß. Materie. Zeit. Raum, Tod, Neubeginn. Hier und Dort. Schutz, Konzentration, Abtrennung, Verbindung.

Die beiden Pole jeden Stabes: Symbol aller Zweiheiten in der Einheit vereint, Identität der Gegensätze. Gleichgewicht und Gleichwertigkeit. Wirbelsäule. Tulpe: Bewahrtes Geheimnis, Liebe, Rausch, Vergessen. Assimilierung und Transzendierung der vier Elemente. Sie richtet sich stets nach der Sonne, um deren Strahlungskraft voll aufzunehmen. Der jugendliche Held oder das spielendes Kind: bewußtseinstranszendente Ganzheit des Selbst. Drang zur Selbstverwirklichung, Herauslösung aus der Identifikation mit Eltern und Umwelt.

Einheit, Vielfalt und Gegensätzlichkeit.

Armstellung: Einheit, Verbindung von Oben und Unten.

Gaukler als Handwerker: Der Mensch muß seine Existenz geschickt in die Hand nehmen und sich die nötigen Werkzeuge besorgen.

Münzen: echte und falsche Werte, lebensfördernd oder lebensvernichtend.

Pokal: Öffnung des Geistes.

KARTE II: DIE PRIESTERIN

Bewußtseinsenergie. Eros. Einheit der Kraft, Meer der Ursachen, rückläufige Bewegung. Krone oder Tiara: Wirken des Geistes. Mittler, der in sein Reich eingesetzt wird. Wahrnehmung und Intuition, welche die Materie durchdringen und formen.
Mond: Himmlische Wasser, Geistige Empfängnis. Schwingendes Fluidum, bildnerische Phantasie, gefühlsmäßige Anteilnahme. Jugendsymbol.
Das Ackerfeld, das den Samen aufnimmt. Herz, Kraft des Schweren und Trüben, das Wiederkehrende. Emotionale Natur. Die menschliche Persönlichkeit als Gefäß des Göttlichen. Freude und Tragik jeder Geburt. Verarbeitung der Mutter-Sohn-Beziehung, Loslassen. Sieg über das Schicksal. Erlebnis der Früchte in inneren Zuständlichkeiten als Reinheit der ursprünglichen Natur. Einheit von bewußtem Licht und Wesentlichkeiten, Einströmen der Wirklichkeitskräfte in die Form der Idee.
Karte I und II. Das Göttliche Paar: Die Erwählte. Inkarnation des Unzerstörbaren im Embryo. Geburt des neuen Menschen. Wesen und Leben, Licht und Kraft, Liebe und Wille, Vater – Mutter. Warmes und kaltes Licht.
Ägypten: Isis bringt den zerstückelten Osiris zum Leben zurück.
Griechenland: Artemis, jungfräuliche Mondgöttin. Beide Göttinnen sind von Hunden begleitet, dem Geleiter der Toten, Symbol ihres unterweltlichen Aspektes.

KARTE III: DIE HERRSCHERIN

Kosmische Erscheinungsform oder Materie, Energie.
Gelber Adler auf hellem oder dunklem Grund. Umgrenzte Fläche als neue Einheit, spirituelle und materielle Dimension. Intelligenz der Materie, Formtypen, Gestaltwerdung abstrakter Konzeptionen.
Verinnerlichung des Vergangenen als Grundlage einer Wiederherstellung der verlorenen Einheit. Handeln aus eigener Empfindung. Erde als Ackerfeld, das den Samen des Himmels aufnimmt und gestaltet.
Kreuz mit gleichlangen Balken: Naturkreuz, Vereinigung der Gegensätze in den Naturkräften.

KARTE IV: DER HERRSCHER

Befehl des Herrschers: Inkarnation. Die zur Verfügung stehende Vitalkraft. Bestimmung, Verhängnis, Fatum. Liebe, Psyche und Bewußtsein. Zepter, siebenfach unterteilt: Logos, Zivilisation, der Natur aufgezwungene Ordnung. Gesetz. Wenn die Hauptstadt festgelegt und die Grundordnung geschaffen ist, finden sich die Speerträger mit umgekehrter Lanze vor dem Throne des Herrschers ein, es gibt keinen Aufruhr. Bedingtheit des einzelnen durch Veranlagung, Zusammenwirken der Umwelt mit den Umständen läßt neue

Einsichten und Ziele entstehen. Konzentrationspunkt des eigenen Seins.

Die sieben Einzelformen des Zepters: die sieben Bewußtseinskörper. In der Reihe zunehmender Verdichtung der Materie

1 Diamantkörper, das Unzerstörbare. Kosmische Form.
2 Erleuchtungskörper. Offenbarung, Erscheinung.
3 Entzückungskörper: Feuer, Energie.
4 Geistkörper. Universelles Bewußtsein, Substanz, Harmonie, Liebe, Weisheit.
5 Gedankenkörper: Individuelles Bewußtsein, kausales und konkretes Wissen. Intuition.
6 Atemkörper, Astralleib: feinstoffliche Denk- und Gefühlsmaterie.
7 Körperhaftigkeit: Gedankenerde. Auswirkung, Gesetz, Ordnung. Das Vergängliche.

Die vier Ebenen der Körper: vier Stadien der Evolution: Sein, Dasein, Bewußtsein, individuelles Sein und Persönlichkeit. Eindringen als Verwirklichung, schaffende Intelligenz. Alle Vierheiten.

Die ersten zwei Körper gehören zum Reich des Nichtwahrnehmbaren. Nichterfaßbaren, sie bilden keine Samen, während die anderen fünf Körper das menschliche Bewußtsein umschließen und Samen bilden, die zur Wiedergeburt führen.

Jeder der Körper reflektiert den vorhergehenden und strahlt auf den nachfolgenden aus.

Die Vierheiten, die vier Ebenen, auf denen sich jeder der sieben Körper manifestiert

Undifferenziertheit	Kosmische Lebensenergie	Kosmische Bewußtseins-Energie	Kosmische Erscheinungs-Form – Materie – Energie
	Macht, Kraft	Liebe – Seeligkeit – Weisheit	aktive schöpferische Intelligenz
Logos	1. Logos	2. Logos	3. Logos
Symbol ◯	◉	⊖	⊕
Sein Sein	Dasein	Bewußtsein	Individuelles Sein Personifikation

		Ur-Energie	Lebens-Energie	Bewußtseins-Energie	Form – Erscheinungs-Materie – Energie
Energie					
Offenbarung		Einheit Ton	Leben Wort	Bewußtsein Sprache	Erscheinung Sprechen
Feuer		Kosmisches Feuer	Elektrisches Feuer	Sonnen-Feuer	Feuer durch Reibung
religiös		DAS Vater-Mutter	Vater	DAS	Mutter
			Sat Prana	Chit psychisches Prana	Ananda Akasha
Farbe			Rot	Blau	Gelb

Emanationsprozeß

Aktive und reaktive Bewußtseinsfaktoren (skandhas) und Bewußtseinsformen (vijnanas) = Wertung, Unterscheidung, Urteil.
In der Reihenfolge abnehmender Dichte oder Materialität, und ihre Beziehung zu den sieben Körpern.

1 Körperhaftigkeit (gelb)
Rupa skandha. 5-Sinnen-vijnanas. Sinnenbewußtsein.
Kontakt der Sinne mit ihren Objekten, alle sinnlichen Bewußtseinselemente und ihre Ausdrucksformen.
Haften, Tat.

2 Atemkörper (blau)
Vedana skandha. Mano-vijnana. Denkbewußtsein. Gefühlsmäßige Reaktionen, Lust, Unlust, Freude, Leid.

3 Gedankenkörper (rot)
Samjna-skandha. Mano-vijnana. Niederer Manas. Stabilisierendes Element, Bezugspunkt, der die Kohärenz des Bewußtseinsinhaltes aufrechterhält. Ego.
Aktives Prinzip, grundlegende Willenstendenz, Form- oder Bildekräfte, Beobachtung, Erfahrung. Konkreter Wille.

4 Geistkörper (grün-blau)
Samskara-skandha. Manas. Höherer Manas.
Umfaßt und koodiniert alle vorherigen Funktionen. Potentialität des Bewußtseins in seiner reinen Form. Übersteigt alle Individuation und Begrenzung, unveränderlich, ungestört von Unterscheidung, Begierde und Aversion. Selbstbefreiende Erkenntnis, Intuition, Liebe, Weisheit.

5 Entzückungskörper (weiß)
Vijnana-skandha. Alaya-vijnana. Gegenseitige Durchdringung aller Bewußtseinsarten. Unzerteilbarer Werdegang, der weder als Sein noch als Nicht-Sein bezeichnet werden kann. Neutral, indifferent.

6 Erleuchtungskörper
Das ewige Licht. Ohne Qualitäten. Leere.

7 Diamantkörper. Das Unzerstörbare.

KARTE V: DER PRIESTER

Der Mensch, dem Gott seinen Atem eingehaucht hat. Fünf als Zahl der Ganzheit, der unvernichtbaren Substanz. Innenwelt und Außenwelt. Priester als Archetypus. Archetypen müssen zuerst als Projektion erfahren werden.
Tiara: 3 Reihen zu je 15 Zacken = 45 als Zahl des Menschen als Ebenbild Gottes. Große Adepten und Lehrer der Menschheit.
Haltung der Hand: drei Finger verborgen: Mysterium der Dreieinigkeit.
Zwei Finger erhoben: Segnung, Mysterium der Dreieinigkeit.
Fünf als sphärische Zahl: Dreiheit von den Gegensätzen her erfahrbar.
Kreuz mit dreifachem Bereich. Von den sechs Daseinsformen des gesetzmäßigen Kreislaufes kennt der natürliche Mensch deren fünf; eine Wiedergeburt erschließt die sechste, die geistige.

KARTE VI: DIE ENTSCHEIDUNG

Liebespaar: Harmonie. Aus zwei wird die Einheit, ein gemeinsamer Wille, eine ausführende Kraft.
Paradies: Unmittelbarkeit. Die Leere wird Erscheinung.
Differenzierte Köpfe: Vision der Welt in ihren verschiedenen Erscheinungs- und Beziehungsformen, das vielgestaltige Wesenhafte. Labilität, Wandelbarkeit des menschlichen Herzens. Unberechenbarkeit oder Sich-Verschließen gegen fremde Nöte, Haßreaktionen. Anziehung-Abstoßung. Frau als Freundin. Innere Wahrheit. Verzicht auf emotionale Geborgenheit, auf Wunscherfüllung. Verzauberung, Ertrinken, Versinken in der Wunschwelt, kindisches Verhalten. Uneinsichtigkeit, Rechthaberei, Unzugänglichkeit für Argumente. Entwicklung des Bewußtseins durch Konflikte. Nigredo.
Zwei Frauen: Gegensatzprobleme als Prinzip alles Geschehens.
Als Liebe und Haß: Seinsprinzip, triebhaft wirkende Naturkräfte. In religiöser Form als Gut und Böse. Zwei Aspekte der eigenen Persönlichkeit.
Essen vom Baum der Erkenntnis: Bewußtwerdung als Gewahrwerden der eigenen Gegensatznatur, Beginn der Transzendierung gegensätzlicher Strebungen zu höherer Einheit im Sinne eines neuen stabileren Gleichgewichts.
Amor: Liebe als dynamische Grundkraft.
Entscheidung: Unterscheiden zwischen dem Bild, das man sich von sich selbst und anderen macht, und der Realität.

KARTE VII: DER WAGEN

Der Wagen: Der Konflikt von Karte VI ist überwunden, der Wagenlenker steht über ihm; dynamische Befreiung aus der Gegensatzspannung. Eine neue Denkstufe ist erreicht. Der Lenker stellt den Verstand dar, die Pferde Gefühl und Instinkt, der Wagen den Körper. Vier Säulen: Verbindung zwischen kontrollierendem Prinzip und Leidenschaft, zwischen Intellekt und Trieb.
Sonnensymbol. Selbstentfaltung, Selbstüberzeugung, Selbstbehauptung. Willensmäßige Verantwortung.
Wagenlenker hält stehend, d. h. unter erschwerten Bedingungen, das Gleichgewicht: Rad berührt den Boden nur an einer Stelle: der gelebte Augenblick. Dauer-Vergänglichkeit. Wiederkehr.
Pferd: Entspricht auf der Ebene des Elementaren der Vitalität, den Triebkräften, Urprinzip des Gefühls. Schenken.
Zwei Pferde: Gleichgewicht zwischen Aktivität und Passivität, Verstand und Gefühl. Rotes oder gelbes Pferd: feuriges Temperament, aktiv leitend, empfindsam, schreckhaft, unberechenbar.
Weißes Pferd: Absichtsloses Handeln, Nichthaften. Triebkräfte transzendiert oder noch nicht erwacht.
Schwarzes oder blaues Pferd: Passivität, Trauer, Verlust, Verzicht.
Sich aufbäumendes Pferd: Zurückschrecken vor dem Abgrund, vor Verzicht auf das persönliche Ego.
Ritterrüstung: Abschirmung gegen die Außenwelt, gerüstet sein zum Kampf.

Schenkelschiene: Verstärkt den Willensimpuls, der das Pferd leitet. Entscheidung und praktische Durchführung.
Verwendung des Wagens: sich offenbarendes und ausdehnendes Geschehen durch Bewegung und das Wiederkehrende.
Zaum und Hügel: Fähigkeit, den Gedankenfluß anzuhalten, Affekte zu beherrschen. Erkennen des Weges. Prozeß der Bewußtwerdung, Fähigkeit, die erworbenen Mittel zu gebrauchen. Lüste, Zornesregungen. Standfestigkeit.
Stehen: Kontakt des Urgeistes mit dem menschlichen Geist. Gleichmut unter erschwerten Bedingungen: um dauerhaft zu wirken, müssen die Kräfte im Gleichgewicht sein.

KARTE VIII: DIE GERECHTIGKEIT

Gleichgewicht als oberste Gesetzmäßigkeit, Bedingung zur Wirksamkeit und Dauerhaftigkeit. Mittlerer Weg. Ausgleich der Polaritäten. Statik und Ablauf.
Schwert: Achtsamkeit. Genauigkeit der Unterscheidung, sofortiger Vollzug des Entschlusses. Herrscher besitzt Begnadigungsrecht; die Unterscheidung muß fließend sein, sonst wird sie zur Starrheit. Das Zünglein an der Waage zeigt das Gewichtigkeitsverhältnis zwischen Selbst und Ego an. Erweiterung oder Verengung des Perkussionsraumes.
Krone 5 Zacken und quadratischer Edelstein von einem Kreis umrahmt: alle Manifestationsgrundlagen müssen

von der Gerechtigkeit erfaßt werden. Bewegende Kraft in der Materie.
Schalen in Ruhestellung: Integration und Synthese zwischen bewußten und unbewußten Strebungen.
Rechte Achtsamkeit als Grundlage der Entwicklung zur Objektivität. Gewichtsverteilung in allen Domänen des Lebens. Ruf des Gewissens in der Stille: Wahrheit der Existenz, wesenhaftes Schuldigsein.
Die Seelenwaage (ägyptisch): Die Seele des Abgeschiedenen wird gewogen, sie muß frei von Schuldgefühlen sein, so leicht wie die in die andere Waagschale gelegte Feder.

KARTE IX: DER WEISE

Der Weise, der alte Mann, der Kapuziner, der Bucklige.
Auf sich selbst gestellt sein. Einsamkeit als Notwendigkeit menschlicher Existenz, um in der Verschwiegenheit zu sich selbst zu kommen. Aktive Einsamkeit: Verbundenheit mit der Natur. Passive Einsamkeit: Verhängnis, Lebensüberdruß.
Verstand als Überwachungs- und Informationsorgan, geistige Ökonomie, Lösung der Probleme in ihren Einzelheiten. Verbindendes, verknüpfendes Denken gibt neue Einsichten; Konzentrationspunkt des eigenen Wesens.
Befreiung von den Außendingen, Muße. Existenzangst, Sicherungsverlangen. Intensive Gebundenheit an körperliche Prozesse. Vereinsamung.
Mönchskleid; Ausgleich zwischen Zurückgezogensein und helfender Tätigkeit.

KARTE X: DAS SCHICKSAL

Sphinx = Geistkörper. Innere Rotation der Monade als Lebenszentrum. Kreislauf, um das wahre Wesen zu erlangen. Nicht in den Kreislauf verstrickt. Sein Rätsel. Das Rad. Kreislauf der Gestaltungskräfte, Geistesfeuer des Hellen und des Dunkeln. Kristallisation.
Universalbewußtsein. Augenblickliche Erkenntnis durch Intuition, Wahrnehmung und Konzentration. Ganzheitsdenken, universelle Gesetzmäßigkeit. Unterscheidung in der Nichtunterscheidung.
Nabe des Rades: Bezugspunkt. Intellektuelle Unterscheidung und Auseinandersetzung, Logik. Psychische Ausgeglichenheit, Furchtlosigkeit und Ausharren. Stabilität ermöglicht die Drehung des Rades. Nichtunterscheidung und Gleichmut.
Acht Speichen: Verdoppelte Polarität. Auflösung innerer wie äußerer Problematik. Ausdifferenziertheit.
Vertikale Achse: Geistige Kraft: Das Große Werk, Merkurius.
Horizontale Achse: antreibende und austragende, erleidende Kraft: Sulphur und Salz.
Drehung des Rades: Wendepunkt. Schaffung des Umkreises, in dem menschliche Kraft und Liebe sich betätigen können. Kontaktnahme und Verständnis für die verschiedensten Bereiche menschlicher Tätigkeit. Tat als Stütze der Begrifflichkeit und des Fühlens.
Ausgeliefertsein an das Schicksal, Wiederkehr.
Wasser als Ursprung allen Lebens. Verwandt mit hölzernem Schiff, Arche Noah. Vereinigung des Getrenn-

ten, mit dem Schiff setzt man übers Meer, entflieht der Überschwemmung.
Als Schaukelwiege: Muttersymbol, die rettende und schützende Funktion des Weiblichen, vereint mit dem Begriff des Bergens und Schützens. Der im Uterus schlafende Embryo, der auf dem Urmeer schaukelnd ins Leben fährt oder ins Urmeer zurückkehrt. Immer klingt die Verbindung zum Holz mit, Symbol alles Lebendigen, vegetative Kräfte, Zirkulation, Bewegung, Wind. Stimulus oder Bedrohung.

KARTE XI: DIE KRAFT

Frau als Repräsentantin der männlichen Kraft, männliche Elemente integrierend; aktiv, drängend, inspirierend durch ihre instinktive Sicherheit. Kontakt der Kraft mit dem Urgeist, spirituelles Wachstum. Schöpferisches Geistesfeuer: Kampf gegen das Starre, Entwicklungsfeindliche, Auseinandersetzung mit den destruktiven Mächten. Wandlungsprozeß der chaotischen Kräfte, Zuwachs an eigener Kraft.
Integration der Affekte, schöne Formen, Kultiviertheit. Selbstkontrolle. Ausdeutung des Weibes (in der Apokalypse), das auf dem Tier reitet: abnormaler Geschlechtsverkehr.
Circe, welche Männer in Tiere verwandelt. Macht des Unbewußten.

KARTE XII: DIE PRÜFUNG

Muße zur Selbstbetrachtung und Selbsterforschung, Sammlung, Arbeit am Verdorbenen. Freudiges Annehmen des Schicksals. Kontrolle und Unterwerfung des erkennbaren Geistes. Fixierende Kontemplation durch Öffnen und Schließen der Pforten, Stärke in der Anschauung des Leeren. Verwandlung des Emotionalen in wirkende Kraft. Vorbereitung für das neue Leben, Auseinandersetzung zwischen Ich und dem Schatten. Wahrnehmung und Assimilierung des Form- und Namenlosen durch Sammlung des Geistes in Stille und Schweigen. Konsolidierung neuer Einblicke, zunehmende Selbstwerdung. Ausharren. Anpassungsfähigkeit an Bedingungen. Verzicht auf Erfolg und Zerstreuung. Gefahr: Ungeduld, Verlust der Selbstkontrolle; äußere Stille nicht ertragen und innere Stille nicht erreichen können. Angst vor Unsicherheit. Sich in der verkehrten, die Logik überschreitenden Welt nicht zurechtfinden.

Zwischenraum zwischen den beiden Bäumen: Diskontinuität zwischen Zeit und Zeitlosigkeit, Hier und Dort. »The missing link.«

Löwe mit goldener Mähne: schöpferisches Geistesfeuer, das nach außen wirkt. Spiritueller und teuflischer Aspekt der Instinktkräfte und der latenten Affekte. Gekreuzte Beine: Swastika: Sonnenrad, Stärkung der Vitalität, der vitalen Reserven, vertiefte Einsichten, Spiritualisierung der Instinkte durch Güte und Liebe. In der Alchemie: Athanor, Feuerofen, der die Materie transformiert. Nigredo. Betrübnis, Opfer, Verzicht auf Gewohntes.

KARTE XIII: DER TOD

Tod als Tänzer: Befreiung aus der Materie, überwundene Formen des Verhaltens.
Tod als Kreislauf des Wassers: Durch Erwärmung steigt das Wasser als Wolke auf, durch Abkühlung fällt es als Regen, Schnee oder Eis, bis es zum Ozean, seinem Ursprung, zurückkehrt. Hades.
Tod als Luft: Vernichtungsglaube. Absicherung.
Tod als Erde: Entstehungsglaube. Ungelebtes Leben.
Tod als Embryo: Gleichgültigkeit. Unkenntnis der Zukunft.
Tod als Schnitter: Todesangst. Einschneidende Entscheidung und Unterscheidung.
Tod als Bräutigam: Angst und Hoffnung, Genießen des Lebens oder Einkehr und Buße.
Tod als Mutterschoß: überwältigt werden vom Unbewußten, Verlust der intellektuellen Kontrolle und Handlungsfreiheit.
Tod als Namenloser: nicht mitteilbare Erfahrung, Auseinandersetzung mit dem Negativen.
Abgeschnittene Köpfe, Füße und Hände = Verlust des Bewußtseins, der Standpunkte. Aufgeben von Ideen. Stillstand aller Aktivität.
Krone: Übertritt in einen neuen, unbekannten Bereich, Wirksamkeit eines neuen Prinzips. Anleitung zur geistigen Erneuerung. Das Vergangene muß geopfert werden.

KARTE XIV: DIE MÄSSIGKEIT

Engel, geflügelter Genius: Führung von Oben, Gnade, Zeitlosigkeit. Er ist geflügelt und dennoch standfest im himmlischen wie im irdischen Bereich. Interaktion von Selbst und Ego. Vision und Beschäftigung mit archetypischen Bildern und Figuren, die in menschlicher oder einer anderen von ihnen gewählten Verkörperung erscheinen können, um das Wesen des Göttlichen dinghaft, greifbar und verständlich zu machen und die Wirkung der Kräfte zu veranschaulichen. Erwärmung und Ernährung des geistigen Embryos.

Die innewohnende Willensrichtung kommt zum Tragen.

Silberner Krug: Brunnen des lebenden Wassers. Mond. Goldener Krug: geistige Erkenntnis. Verwandt mit Schiff: das Bergende, Erhaltende, Gebende, Ernährende, Beschützende, Empfangende, Gestaltende. Die Erscheinungsformen. Satz, der zurückbleibt: noch vorhandene Imagination als zukünftiger Mutterschoß.

Wasserstrahl: Vermittlung; integrierte Zweiheit.

Die verflüssigte Materie entspricht der Vergeistigung.

KARTE XV: DER TEUFEL

Der Teufel, der dunkle Teil, die andere Seite der himmlischen Natur. Grotesk-unheimlicher Aspekt des Unbewußten.

Piedestal erinnert an den Thron des Herrschers. Runde statt viereckige Form, die Quadratur des Kreises. Vierheit. Substantielle Realität des Bösen. Der Ton der Individuation teilt Wesen und Leben in Zwei.

Beine = Gnomen, welche die Schätze der Erde hüten.

Hörner: Symbol für spirituelle Erneuerung durch Wahrnehmen des bisher Unbekannten nach Überwindung der polaren Gegensätzlichkeiten. Annehmen von Licht und Dunkel. Fähigkeit des Bewußtseins, sich von seinen Inhalten zu lösen, loszulassen.

Lachen: Weltliche Interessen und Freuden hindern die spirituelle Entwicklung. Sich anklammern. Psychische Störungen.

KARTE XVI: DIE ZERSTÖRUNG

Relativität alles Geschaffenen.
Turm: Zufluchtsort, Wirbelsäule als Stütze des Körpers. Wohnsitz göttlicher Kräfte: Kirche, Tempel, Spitäler, Häuser. Leuchtturm, Signalturm. Beobachtung, Verteidigung, Schutz, Abgeschlossenheit, Isolierung, Egozentrizität.
Blitz = Einfall, Erleuchtung oder Zerstörung. Feuergarbe, welche die Dinge verbrennen, ohne sie zu zerstören.
Kugeln = Samen als Herz des Wurzelkeims. Trieb. Angriffslust, kämpferische Energie.
Drei Fenster: beschränkte Aussicht.
Rot und Gelb – Dualität des Yang-Prinzips. Numinose Kräfte, göttlicher Phallus.
Fruchtbarkeit – Zerstörung.
Wendeltreppe im Innern: Begegnungsort von Himmel und Erde, Geist und Materie.
Stürzende Zinne: Öffnung und Aussicht nach Oben. Möglichkeit eines Neubeginns auf höhere Ebene. Unglücksfälle, welche die Verhaftung im Ego oder in starren intellektuellen Konstruktionen lösen können.
Zwei stürzende Figuren: Denken und Fühlen aus dem Gefängnis der Dualität befreit.

KARTE XVII: DIE STERNE

Die Sterne: Beginn der eigentlichen Initiation. Geistiger Reifezustand als Frömmigkeit des Herzens, Glaubens an die Vorsehung. Nach dem Gewitter der lichte Frühlingshimmel. Versprechen regenerierten Wachstums. Neue Wesenskräfte in ihrer gegensätzlichen Zusammengehörigkeit kommen zum Tragen. Orientierungshilfe in der Nacht. Positionslichter, Wegweiser und Zeitmesser. Heilende Kraft der Liebe, welche den im Körper tätigen Lebenshauch durchleuchtet.

Sterne als Augen des Himmels: Verbindung mit Lucifer als Lichtbringer, als unterscheidendes Denken.

Sieben Sterne und Zentralstern = sieben Cakras als Zentren der psychischen Energie, Möglichkeit, die Erscheinungswelt zu transzendieren. Überwindung der persönlichen Begrenztheit, der Angst, der persönlichen Veranlagung.

Zentralstern Venus: Die Große Mutter, das sich erneuernde Leben.

Venus als Morgenstern: Lucifer als Lichtbringer, Versprechen des neuen Morgens. Venuszeichen ♀ stellt die Vereinigung der Gegensätze, den Ausgleich der polaren Spannungen dar, androgyn.

Mittlerer Stern (Venus): acht grün-blaue Strahlen: (Transzendierung der roten Strahlen) geistige Aufbaukräfte, das Wasser des ewigen Lebens, Farbe der Unsterblichkeit und der Hoffnung.

Acht gelbe Strahlen: materielle Aufbaukräfte, Fruchtbarkeit der Materie, langes Leben.

Zwei Krüge: aktiver und passiver Pol: Fortpflanzung, Fruchtbarkeit. Ausschütten von Wasser in Wasser.
Strahl bildet Ringe = Circumambulation, Eingliederung der Peripherie in das Zentrum.
Ausdrucksmöglichkeiten. Lustvolle, spielerische Sexualität im weiteren Sinne, Austausch weiblicher und männlicher Kräfte, Befruchtung.
Nackte Figur: die unverhüllte Wahrheit.
Immergrüner Akazienzweig: grünt auch in Zeiten des Wassermangels, der Dürre.
Venus als Morgenstern: Lucifer als Lichtbringer, Versprechen des neuen Morgens.
Venus als Abendstern: Garten der Hesperiden, dessen goldene Äpfel der Unsterblichkeit von einem Drachen bewacht werden.
Vogel: Realität des Kontaktes zwischen Himmel und Erde: Himmlisches Herz als Wurzelkeim des großen Sinns. Loslösung von aller Verstrickung. Erkennen, ohne zu begehren.
Ibis = Toth als Mondgott: zyklisch ablaufende, abgemessene Zeit.
Hunde – mythische Figuren, als solche wandlungsfähig. Begleiter der Isis, Artemis und Hekate. Führer des Toten in der Unterwelt, nachdem sie ihn im Leben begleitet haben. Als Psychopompos Hermes.
Symbol antagonistischer Aspekte: Gabe des Zweiten Gesichtes, Verbindung zu den Kräften der Unterwelt, des Unbewußten. Kenntnis heilender Kräfte und des Feuers in seiner sexuellen Bedeutung. Symbol auch der Gefräßigkeit und der Schläue (Fuchs).
Anubis, Führer der Toten in der Unterwelt. Götterboten und Diebe, Werwölfe, Vampire und Wechselbälger. Verwandt mit Wolf, Skorpion, Krebs und Käfer.

KARTE XVIII: DER MOND

Vermittler zwischen Himmel und Erde, zwischen ätherischer und sublunarer Zeit. »Lebendige Zeit.« Virtualität und Aktualität.
Mond – Nacht – Stille. Einsamkeit. Verlassenheit. Entrücktsein, Visionen. Gemeinsamkeit.
Intensität und Unerbittlichkeit des Numinosen.
Mond verbunden mit Ebbe und Flut: Gezeiten, Völle und Leere.
Verzauberung, Verführung, Ungewißheit, Veränderlichkeit, Verlust der Orientierung, Änderung des Gewohnten, Auswegslosigkeit, abgründiges Leid.
Tropfen: Tränen und Träume. Tau des Himmels.
Weg: Mondweg. Dualismus von Licht und Dunkel auf allen kosmischen Ebenen. Gestaltung und Auflösung der Organismen, heilsam und gefährlich. Hell-dunkler Doppelaspekt der Psyche. Lichtstrahl der Hoffnung, Unverzagtheit. Liebe führt aus dem Unpersönlichen zum Persönlichen, zur Gemeinsamkeit.
Unersetzlicher Wert der Partnerschaftsbeziehung; die eigenen psychischen Probleme, auf den Partner projiziert, erscheinen »außen«. Sichtbar geworden, können sie besprochen, klargestellt werden, sie erzwingen eine konkrete Stellungnahme. Theoretisches Verständnis allein kann sie nicht praktisch, in der individuellen Realität, lösen.
Zwei Türme: sie stehen in besserem Größenverhältnis zum Ganzen als der Turm aus Karte XVI, engen aber trotzdem den Durchgang ein. Konfrontation mit dem

Hüter der Schwelle. Die enge Pforte, die Nacht der Seele.
Durchgang zur Gegenwelt. Was hier hell ist, ist dort dunkel, was hier Tugend, dort Laster. Nur jener, den die Hunde als Meister kennen und ihm still zu Füßen liegen, kann ihn durchschreiten. Er kehrt nicht wieder (Anklang an Karte XII).
Durchgang zur Nicht-Welt: Verstellung, Ausflucht, Verkleidung. Diskonnektion von Ursache und Wirkung. Unverständnis (Anklang von Karte XV).
Türme viereckig: achtfach bewachter Zugang zur Unterwelt – nur der Unbeschwerte, Gerechte (VIII) findet den Durchgang. Übergang aus der Welt des Ego zur Welt des Selbstes. Setzt Bewußtwerdung, Auseinandersetzung und Annehmen der dunklen Aspekte voraus. Zugang zur geistigen Macht.
Krebs: Sommersonnwende: In ägyptischer Darstellung Mistkäfer, der unermüdlich seine Dungkugel rollt; sie schützt und wärmt seine Eier, das neue Leben. Lebensspender und Beschützer. Erde, die den Samen birgt.
Krebs = verwandt mit Fisch. Fruchtbarkeitssymbol, schwimmt im Lebensozean, kann aber schwer gefangen und gehalten werden. Unstabiles, trübes Wasser. Geheime Verwandlungen im Körper. Gefahr, verschlingender und reinigender Aspekt der Auseinandersetzung mit dem Unbewußten. Paralysierung des Willens, Verlust der Hoffnung, Ungewohntes in seinem erschreckenden Aspekt, oder Unerschrockenheit durch hilfreiches instinktives Wissen. Probleme des Gefühls und der Empfindung können weder durch Denken noch durch Leistung gelöst werden, sondern nur durch Gewahrwerden, durch Hören der Stille.
Krebspanzer: Introversion, Erkenntnis der Vergäng-

lichkeit durch Vordringen zu den Grundlagen. Erstarren durch Zurückblicken, durch Haften an Vergangenem.
Zwei Hunde: Liebe, Sehnsucht, Verlangen; Haß, Abneigung, Verneinung.
Triebkräfte, welche die Energie der Materie in Sonnenenergie verwandeln. Erleben der Wirklichkeit durch Integrierung verschiedener psycho-physischer Bewußtseinsebenen, die sich nun zum organischen Ganzen abrunden. Versenkung. Geistige Leiden.

KARTE XIX: DIE SONNE

Das Tönende. Bewußtseinshelligkeit. Ausbrüten. Fruchtbarkeit oder Bedrohung durch Dürre. Regulationsprinzip. Erreichen des Optimums. Sehen des Zweckes im Sinn.
Feuerzungen: der Heilige Geist, der Tröster. Aufleuchten der tiefsten Willensrichtung, des tiefsten Unbewußten. Kommunion. Vorgeburtserinnerung.
Zwei Kinder: Knabe = aktiver, Mädchen = passiver Pol. Sich bei den Händen haltend: Unschuld. Unerfahrenheit, unentwickeltes Unterscheidungsvermögen. Leben als Gewahrwerden der So-Heit, als Gegenwärtigsein. Aufleuchten und Erhellung des Geheimnisses.
Im Spiel der Vorstellungen entfaltet sich eine harmonische Welt, lösen sich die Probleme von selbst.
Mauer: Tierkreis, den die Sonne alljährlich durchläuft. Abgrenzung – Schutz. Gemeinsamer Raum, Reinheit der eigenen Natur. Kontrolle und Lenkung des Wachstums durch Kenntnis der Voraussetzungen und des Waltens der Natur.

KARTE XX: DAS GERICHT

Erweckung. Von Angesicht zu Angesicht *mit dem göttlichen Licht* gesetzt sein. Finden eines neuen Persönlichkeitszentrums, welches die Dualität integriert hat. Sehen und Hören des Ursprünglichen in der ihm eigenen Dimension. Überwindung von Zeit und Raum, Überwindung der polaren Gegensätzlichkeiten und der drei Welten. Sensitivität (Empfindung) als Basis des Handelns, Realität als Basis des geistigen Aufschwungs.
Auferstandene: Der Zweimal Geborene. Rückkehr aus dem Reich der Mütter, Erlösung aus der Starrheit. Öffnung des Geistes für bisher Unbewußtes.
Tiefgreifende Änderung des Charakters, was vordem Hindernis war, wird Hilfe.
Auferstehen des Vergessenen, Zurückgewinnung vergessen geglaubter Einsichten, die im Allbewußtsein aufbewahrt sind.
Revitalisierung der inferioren Funktion.
Engel: Erzengel Michael, Herr der himmlischen Heerscharen, Sieger über die bösen Geister.
Seelenführer. Geistiges Potential der Menschheit.
Erzengel Gabriel als Verkünder der göttlichen Botschaft.
Grüne Sarkophage: der in die Erde gesenkte Samen grünt aufs neue. Transformation. Auch Boote auf dem Urmeer, dem Wasser des Lebens; dann erinnern sie an Karten VIII, IX und X, Anfang und Ende eines Weges.
Trompete: Vibration, Bewegung, Eindringen in die Zwischenräume. Musik als Mathematik und Empfindung.
Kreuz auf dem Banner: Versöhnung der Gegensätze in

einer neuen Einheit. Stellt die Wahl (VI) die Liebenden vor eine Gefühlsentscheidung, so erlaubt VII dem Lenker des Fahrzeuges eine Bewußtseinserweiterung im Relativen und die praktische Anwendung der bisher erworbenen Fertigkeiten und Mittel, ermöglicht aber auch die Flucht. Die Gerechtigkeit (VIII) verlangt objektive, vom Ich nicht beeinflußte Stellungnahme, die Einsicht in die Gleichgewichtigkeit des Gegenteiligen. Wird freudiges Annehmen durch den Weisen (IX) erreicht, so dreht sich das Rad (X) aufwärts. Wird die Zurückbindung des Ego nicht erreicht, so wird der Mensch aufs neue geprüft (XII); dort soll er das Ego dem Selbst opfern, sich des Schutzes, das dieses verspricht, begeben. Gelingt ihm dies nicht, so sinkt es entweder zu einem schattenhaften Dasein ab oder wird neu geboren (XIII). Im Turm (XVI) wird sein Werk zerstört, dort kann der Weise die Realität, die Vergänglichkeit aufs neue betrachten. Im Mondlicht (XVIII) mit neuen Aufgaben auf höherer Ebene betraut, versinkt er in schwere Depressionen, sofern er sie nicht zu ertragen vermag; doch können ihm Katastrophen auch den Zugang zu bisher Verschüttetem öffnen, so daß er im Gericht (XX) von Angesicht zu Angesicht mit der Wahrheit gesetzt wird.

KARTE XXI: DIE WELT

DAS. Der Tanz des dimensionslosen Punktes. Weder Bewegung noch Stille, weder Anfang noch Ende des Weges.
Kranz: Der flammende Tropfen.
Das Geheimnis der Identität des Einen mit sich selbst in allen Entfaltungen und Einfaltungen. Kreislauf des Lichts, Interaktion zwischen Himmel und Erde. Freude, Friede, Vollendung.
Tanzendes Mädchen: Die stille Erde als gelber Lebenskeim. Harmonie. Nachzeichnung der Planeten- und Sternenbahnen. Die an die Materie gebundene Psyche.
Schal: Der Schleier der Priesterin. Die Leere mündet in die Erscheinung ein, Verhüllung durch die fließende Form. Lichtfarbene Materie. Hermaphrodit, Symbol der Wiederherstellung der Ganzheit: Grund und Ursprung aller Persönlichkeit, das zeitlose Selbst. Identität des Individuellen mit dem Überpersönlichen. Einheit als präexistente Grundstruktur der Welt und des Menschen. Einen Gedanken zu Ende denken.
Zwei Stäbe: Umgang mit den vier magischen Waffen: Wollen, Wissen, Wagen und Schweigen. Die Polaritäten der vier Elemente, Ausgleich der doppelten Gegensätzlichkeit, Wiedervereinigung der Dreiheit in der Einheit, Synthese der drei Heilswege als 3×7, Endstufe des Entwicklungsprozesses. Der göttliche Urmensch. Involution und Evolution. Integration des Mikrokosmos in den Makrokosmos.
Ellipse: 2 Fokusse = Zeitlosigkeit in der Zeit, Kreis = 1 Fokus, = Verkettung von Ursache und Wirkung. Ablauf der Prozesse: Unendlichkeit.

Zentrum: die Nabe des Rades, die zeitlose Einheit, das verlorene Paradies. Jerusalem als himmlische Stadt. Der Tempelbezirk als Zufluchtsort beschützt vor einem Rückfall in die Zweiung.
Alchemie: Fixierung.
Die vier Figuren: Ordnungsschemata, differenzierte Ganzheit, Ausgangspunkt meditativer Versenkung. Zusammenhalt der vier auseinanderstrebenden Elemente.
Stier: Erde = Stabilität, Ausdauer, Geduld, Schweigen.
Löwe: Feuer = Inkarnation, Auferstehung, Unerschrockenheit, Vernunft.
Engel: Luft = Wahrheitssuche, Inhalt und Form decken sich.
Adler: Wasser = Emotionalität, Tod und Regeneration. Wagemut.
Kabbalistisch: Entfaltung des Gottesnamens, des Tetragrammatons: (Jod-Hé-Vav-Hé)
$$J h v h , J h v h$$
$$e o a , a e$$
Kollektive Welt, Ausfüllen des eigenen Raumes. Ganzwerden des beschränktens Gesichtskreises.

»After the kingfisher's wing
Has answered light to light, and is silent,
The light is still
At the still point of the turning world.«
T. S. Eliot, Four Quartets

Der Weise (IX) könnte seinen Weg nicht vollenden, würde ihm nicht die Hilfe des Herrn aller Vierheiten (IV) zuteil.

KARTE 0: DER NARR

Der Narr untersteht keiner Regel. Er geht vorbei.
Goldblume. Nachdem das Licht alle Arkana durchwandert und sich gewandelt hat, kehrt es siegreich zu sich selbst zurück.

Die vier Heilswege

Eine weitere Betrachtungsweise, welche die verborgenen Zusammenhänge der Tarotkarten aufdeckt, sind die vier Heilswege: In ihnen wird jede Karte mit der folgenden dritten verbunden.

Osirisweg: der Weg der Tat. Karma-Yoga. Astrologisch: Kardinalzeichen.

In ihrer Schöpfung (I) sind die Gesetze der Gottheit wahrzunehmen. Gesetzgebung (IV) setzt Autorität voraus (I). Wo das göttliche Gesetz herrscht, wird die Schöpfung höheren Daseinsmöglichkeiten (VII) zugeführt, auf die das Sonnenzeichen und die Sterne auf dem

Baldachin hindeuten. X zeigt das Auf und Ab des Lebens, den Menschen auf seinem Entwicklungsgang, XIII den Übergang auf einen anderen Plan. In Karte XVI ist der Mensch auf dem tiefsten Punkt angelangt: was er zu seiner Verherrlichung aufbaute, wird zerstört.
Die Opferung des Persönlichen befreit ihn von jeder Bindung. Nun kann er teilhabem am vollen Leben (XIX). Damit ist das Ende des Osirisweges erreicht.

Irisweg: der Weg der Liebe. Bhakti Yoga. Astrologisch: fixe Zeichen.

Schema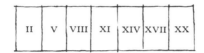

Karte II und V weisen auf die Erschließung der unsichtbaren Welt durch Belehrung hin. Die Motive, solche Belehrung zu suchen, können verschieden sein, wie der Unterschied in der Kleidung der beiden Schüler (V) andeutet.
Karte VIII ermahnt, nicht fremder, sondern eigener Gesetzlichkeit zu folgen, um übernatürliche Kräfte (XI) zu entwickeln. Die erworbenen Kräfte und Fähigkeiten (XI) sind maßgebend bei der Gestaltung der neuen Persönlichkeit in der Wiederverkörperung (XIV). Karte XVII zeigt das Aufgehen der menschlichen Seele in der Weltenseele. Das vollkommene Leben (XX) ist erreicht.
Zwischen Karte XI und XIV bestehen ähnliche Beziehungen wie zwischen Karte X und XII des Osirisweges: Dort der Wechsel zwischen Anfang und Ende bis zum Ende (XIII), hier die Entwicklung des Menschen in dieser Welt (XI), die zur Wiederverkörperung (XIV) führt.

Horusweg: der Weg der Erkenntnis. Inana Yoga. Astrologisch: gemeinschaftliche Zeichen.

Schema | III | VI | IX | XII | XV | XVIII |

Der Weg der Erkenntnis ist zugleich der Weg des Leidens, er führt aufwärts, wie der Adler – das Symbol des Geistes, der emporträgt – auf Karte III zeigt. VI stellt den Erwählten vor die Entscheidung, welchen Weg er einschlagen will. Wählt er weise, so wird er zum Pilger, der sich in der Einsamkeit auf die bevorstehenden Prüfungen vorbereitet. Hilflos an einem Balken hängend (XII), ist seine Einsamkeit tiefer als zuvor, alles erscheint nun verkehrt und hoffnungslos.

Auf Karte XV hat er mit Lüge und Ungerechtigkeit zu kämpfen. Dort begegnet er dem »Hüter der Schwelle«, das heißt jenen Hindernissen, die aus Verfehlungen und Irrtümern der Vergangenheit erwachsen. Wer hier vordringen will, ohne sich mit ihnen auseinandergesetzt zu haben, verfällt der Hybris.

In Karte XVIII muß er sich durch von Leidenschaften verursachte Verwirrungen hindurchringen, um in Karte XXI zur abgeklärten Ruhe, zur Einswerdung mit der Gottheit, zu gelangen.

Der Weg des Gesetzes. Weg der Intuition.

Schema | I | IV | VII | X | XIII | XVI | XXI |

Der Magier (I) prüft den Suchenden, ob er alle Härten, die der Weg des Gesetzes birgt, auf sich nehmen kann und will. Ist das notwendige Kraftpotential da, so verweist er ihn an den Priester. Als Schüler lernt er religiöse Dogmen, die als Richtschnur praktischen Verhaltens in der Gemeinschaft dienen, kennen. Er gibt sie an andere weiter, nachdem er sie in der Einsamkeit meditiert und aus ihrer Starrheit gelöst hat (IX). Durch den Tod (XIII), den schwierigen Durchgang durch die enge Pforte, erlebt er einen Augenblick vollkommenen Friedens, dann aber auch die Trennung vom Körper, der seinem Bewußtsein bisher Halt und Stütze war. Aus feinstofflicher Materie muß er sich einen neuen Körper schaffen und durch die Geburt auf einer höheren, gleichen oder niedrigeren Ebene hindurchgehen. Auf diesen Ebenen mit Vorwissen begabt, kennt er alles Leid, das ihm bevorsteht. Wie der Tod ist aber auch die Wiedergeburt unausweichlich. Sind alle bisherigen Entwicklungsmöglichkeiten in ungezählten Reinkarnationen erfüllt, so erhebt sich die Lebenskraft zum Flug (XVII). Es ist die Überwindung des Ego, Verzicht auf menschliche Begrenztheit, auf alle irdischen Freuden. Der Inhalt des Kruges wird eins mit der Unendlichkeit. In XXI schließt sich der Kranz, wie beim Magier (I) ist die Lebenskraft, das kosmische Bewußtsein, das Gesetz verantwortlich für das Ganze, für alles Werden und Vergehen im Makrokosmos wie im Mikrokosmos. Heimgekehrt, in ewiger Jugend, erfährt er als Narr (0) alle Herrlichkeit und alle Grausamkeit des Wesengrundes; erhebt sich aus dem Abgrund, in dem er ist und nicht ist.

Gruppierung der Karten

Wenn wir uns nicht nur mit der allgemeinen Bedeutung der Tarotkarten und ihrer praktischen Ausdeutung begnügen wollen, sondern sie als Mittel betrachten, das uns den Zugang zu höherem Wachsein öffnen soll, so müssen wir uns in ihre Symbolik und in die Beziehungen der einzelnen Karten zueinander vertiefen.

Eine der Karten trägt keine Zahl. Die Frage nach ihrem Platz wird gelöst, wenn wir die Karten in Kreisform auslegen: der Narr, die Null, das Irrationale, das nur durch verneinende Bezeichnungen, wie unbegreiflich und unerkennbar, zu definieren ist, steht vor dem Anfang und nach dem Ende. Diese Figur wird ROTA, Anagramm aus TARO(T), benannt.

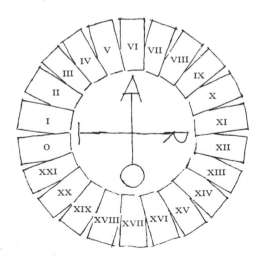

Dieser Kreis kann in zwei gleiche Teile zerlegt werden, von I bis XI und von XII bis 0.
Zuerst sind wir versucht, der oberen Reihe überwiegend günstige, der unteren überwiegend ungünstige Bedeutungen zuzuschreiben: eher handelt es sich jedoch um die Gegenüberstellung von Aktivität, Geist, Feuer, dem Schwefel der Alchemisten, und von Passivität, Seele, Wasser, dem Quecksilber. Es sind zwei verschiedene Wege: der aktive, männliche, rationale, der sich auf die Prinzipien der Vernunft, des Willens, der eigenen Initiative gründet, und der passive, weibliche, mystische, den vor allem die Fähigkeit auszeichnet, zu empfangen, aufzunehmen, auszutragen.
Jede der Reihen wird durch die Karten VI und XVII in zwei Teile geteilt. In der oberen Reihe entsprechen Karten I-V der vorbereitenden, Karten VII-XI der angewandten Stufe, zu der man vordringt, wenn man die Entscheidung (VI) bestanden hat. Im Bereich der Passivität zeigen Karten XII bis XVI die Versenkung, Karte XVII die beginnende Erleuchtung, Karten XVIII-0 deren Stufenfolge.

I	II	III	IV	V	VI	VII	VIII	IX	X	XI	Aktivität

Vorbereitung Theorie Studium   Transition   Anwendung Übung Wirken

0	XXI	XX	XIX	XVIII	XVII	XVI	XV	XIV	XIII	XII	Passivität

Die vier Fünfergruppen

Wesentliches zum Verständnis des Tarot ergibt sich beim Betrachten der Zusammenhänge von vier Gruppen zu je fünf Karten.

Erste Gruppe: Der Gaukler (I) steht für die Persönlichkeit, das Subjekt, das sich objektive Kenntnisse (II-V) aneignet. Karte II und III beziehen sich mehr auf das abstrakte, metaphysische und induktive, Karte IV und V mehr auf das konkrete, mathematisch-wissenschaftliche und dekuktive Wissen.

Zweite Gruppe: Die Lehren des Priesters (V) weisen dem Wagen (VII) den Weg und bürgen für dessen Tragfähigkeit; der gesetzmäßigen Genauigkeit (IV) entspricht im Bereich angewandter Moral die Gerechtigkeit (VIII), während das induktive Wissen (III) vom Weisen (IX) gepflegt wird. Das Rad (X) verspricht demjenigen Glück und Erfolg, der intuitiv (II) bevorstehenden Wechsel zu ahnen vermag.

Aufschlußreiche Querverbindungen: Die Entscheidung (VI) kennzeichnet den Übergang von der Theorie zur Praxis; auf diese Weise stellt sich die Verbindung zwischen dem Wagen (VII), der fördernden Anwendung der Gesetzmäßigkeiten, die dem Priester (V) zugesprochen werden. Eine ähnliche Verbindung besteht zwischen den Karten VIII und IV, IX und III, X und II, XI und I. Die zweite Karte dieser Paare zeigt jeweils die praktische Verwertung der Kraft, die in der erstgenannten Karte zum Ausdruck kommt.

Dritte Gruppe: Dem Narren (0), der dem Gaukler (I) gegenübersteht, fehlt jede eigene Initiative; er wird zum

Spielball der Umstände. Der Sensitive empfängt seine Eingebungen aus dem All (XXI); seiner passiven Entrücktheit entspricht die aktive Intuition der Priesterin (II). Das Urteil (XX) stellt die Inspiration beschwerlichem Studium gegenüber (III), die Sonne (XIX) inspiriert Dichter und Künstler; im Gegensatz zu ihr steht die mathematische Genauigkeit (IV). Aktiv erarbeitet wird die rationale Synthese (V), im Passiven entspricht ihr die Phantasie, das ungewisse, spiegelnde Licht des Mondes (XVIII).

Vierte Gruppe: Die Sterne (XVII) bestimmen das Schicksal jenes Menschen, der, passiv, seinen Weg nicht selbst zu bestimmen vermochte (VI). Überschwengliche Phantasie schmiedet unreale Pläne, die Schaden und Verlust (XVI) bringen im Gegensatz zur glücklichen Durchführung, wie Karte (VII) sie verheißt. Künstlerische Gaben (XIX) befähigen, feinstoffliche Lebenskräfte (XV) in geordnete Bahnen zu lenken, während entfesselte Instinkte (XV) Verwirrung stiften, das Gegenteil von Logik und

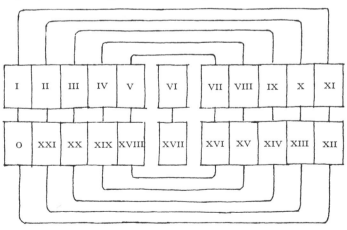

Ruhe der Gerechtigkeit (VIII). Der Gottbegeisterte (XX) empfängt nicht nur Eingebungen, seine Tätigkeit befähigt ihn, jenes feinstoffliche Fluidum, welches die Mäßigung (XIV) von einem Krug in den anderen gießt, zu übermitteln; solche Partizipation vermeidet der Weise (IX) in seiner einsamen Zurückgezogenheit. In der Verzückung (XXI) erwacht, was der Tod (XIII) zerstörte, zu neuem Leben. Offensichtlich ist der Gegensatz zwischen glücklichem Zufall (X) und tragischer Bestimmung (III). In Verbindung mit der Prüfung (XII), der Selbstverleugnung zugunsten anderer, erreicht die Passivität des Narren (0) die Vollendung des »Großen Werkes« als höchstes Ziel des mystischen Weges, während der aktive, rationale Weg zur Gewinnung magischer Kräfte (XI) führt.

Die zwölf Paare

Nun, da wir die grundlegenden Zusammenhänge zwischen den einzelnen Arkana verstehen, betrachten wir nachfolgende Tabelle der Gegenkarten. In dieser wird besonders der Gegensatz der einzelnen Paare hervorgehoben; dieser muß nicht unbedingt negativ sein, er kann auch eine Steigerung ins Vergeistigte anzeigen.

A Subjekt, Ausgangspunkt

I Gaukler	0 Narr
Aktiv. Bejahung.	Passiv. Verneinung. Äußeren Einflüssen ausgesetzt. Spontan innerem
Initiative, Selbstbewußtsein.	
Weisheit. Vernunft.	Gesetz folgend. Der reine Tor.

B Wahrnehmung des Unbekannten

II Priesterin
Eingebung. Wahrsagung.
Der Geist durchdringt das
Mysterium.
Wissen um verborgene Dinge.

XXI Die Welt
Ekstase. Hellsichtigkeit.
Das Mysterium enthüllt sich
der Seele. Vollkommenes
Wissen um das Absolute.

C Angleichung an die Außenwelt

III Herrscherin
Beobachtung. Begriffsvermögen.
Vorstellung. Studium. Weisheit.
Die Vernunft gebietet den Ideen.

XX Urteil
Begeisterung. Entrücktheit.
Prophetische Eingebungen.
Ideen, die sich aufdrängen.

D Geistige Erleuchtung

IV Herrscher
Innere Erleuchtung. Fleisch-
gewordenes Wort. Gedanken-
und Willenskonzentration.
Energie. Berechnung, Schluß-
folgerung. Positivismus.

XIX Sonne
Allumfassendes Licht.
Ewiges Wort.
Ausbreitung. Geniale Einfälle.
Schöne Künste. Gleichmut.
Idealismus.

E Fortschreiten vom Allgemeinen zum Besonderen

V Priester
Abstrakt. Theoret. Forschung.
Metaphysik. Religion. Vergeisti-
gung. Übersinnliches Wissen.
Pflicht. Moralgesetz.

XVIII Mond
Konkret. Erscheinungsformen.
Illusionen der Sinne. Aberglaube.
Materialismus. Irrtümer,
Vorurteile. Launen, Phantasie.

F Festsetzung der Handlungsweise

VI Entscheidung
Freiheit. Wahl. Probe.
Zweifel. Kampf gegen Lebens-
schwierigkeiten.
Gefühl. Zuneigung.

XVII Sterne
Vorausbestimmung. Weissagung.
Hoffnung. Vertrauen zu unsterb-
lichen Idealen.
Liebe zum Schönen.

G Vernunft im Kampf mit der Materie

VII Wagen
Herrschaft. Triumph.
Talent. Fähigkeiten.
Lehrer, der sich Gehorsam
verschafft.
Fortschritt, Harmonie.

XVI Zerstörung
Vermessenheit. Fall.
Überheblichkeit. Unfähigkeit.
Opfer von Umwälzungen.
Explosionen. Katastrophen.

H Neuordnung und Beherrschung der Kräfte

VIII Gerechtigkeit
Gesetz. Ordnung. Gleichgewicht.
Beständigkeit. Logik.
Beruhigtes Gleichmaß.
Abwägendes Urteil.

XV Teufel
Willkür. Unordnung. Miß-
verhältnis. Unausgeglichenheit.
Instinkt. Haß. Wut.
Blinde Leidenschaft.

I Beziehung zwischen einzelnem und Umwelt

IX Weiser
Enthaltsamkeit. Einsamkeit.
Vorsicht. Zurückhaltung.
Peinliche Genauigkeit.
Sparsamkeit. Arzt.

XIV Mäßigkeit
Vereinigung. Partizipation.
Offenheit. Unbekümmertheit.
Zirkulation. Wundertätigkeit.
Geheime Heilverfahren.

K Eingriffe des Schicksals

X Rad
Vorteilhafte Gelegenheit.
Ehrgeiz. Erfindungen.
Lebenskräftiger Keim.
Fristung des Daseins.

XIII Tod
Verhängnis, Enttäuschung.
Verzicht. Verfall. Zersetzung.
Ende. Erneuerung.
Verwandlung.

L Objektives Endergebnis

XI Kraft
Macht, verwirklichte Idee.
Praktisches Geschick, Intelligenz
verwendet materielle Kräfte.
Energie. Mut. Tatkraft.

XII Prüfung
Machtlosigkeit, Utopie. Träumer,
der die Materie verneint und sie
nicht zu handhaben versteht.
Apostel. Hoher Geistesflug. Opfer
des Unverständnisses.

Vierheiten

Ist schon die Betrachtung der Gegenkarten von höchstem Interesse, so vermitteln uns die Zusammenfassungen von je vier Arkana neue Gesichtspunkte: einerseits betonen sie die gemeinsame Idee, die sie verbindet, andererseits beleuchten sie deren verschiedene Aspekte. In jeder dieser Vierheiten verhält sich die erste Karte (a) zur zweiten (b) wie die dritte (c) zur vierten (d) und die erste zur vierten wie die zweite zur dritten.

$$\begin{array}{c|c} a & b \\ \hline \times \\ c & d \end{array}$$

A Individuelle Intelligenz

I Gaukler	XI Kraft
Lern- und Bildungsfähigkeit. Potenz.	Anwendung erworbenen Wissens. Wirkvermögen. Akt.

———————————— × ————————————

0 Narr	XII Prüfung
Untätigkeit. Unverständnis. Verneinung.	Hemmung. Unproduktivität. Erhabene, für die Allgemeinheit unverständliche Gedanken.

B Begegnung des Geistes mit dem Unergründlichen

II Priesterin	X Rad
Bemühung, das Geheimnis zu durchdringen. Wahrsagung, Intuition. Glaube.	Unterscheidung, Entdeckung. Schöpferische Mutmaßungen.

———————————— × ————————————

XXI Welt	XIII Tod
Visionäre Schau. Intregales Wissen.	Abstoßung, skeptische Verneinung. Desillusionierung.

C Geistiges Prinzip als Ursache von Bewußtsein und Leben

III Herrscherin
Verkörpert sich in der Intelligenz; erzeugt Vorstellungen, Ideen, Verständnis.

IX Weiser
Abgrenzung des menschlichen Bewußtseins. Aufmerksamkeit. Erinnerungsvermögen.

——————— × ———————

XX Urteil
Befruchtung der Intelligenz. Eingebung. Begeisterung.

XIV Mäßigkeit
Belebt und bewegt die Vielheit der Wesen.
Allumfassendes Leben.

D Schöpferisches Bewußtsein

IV Herrscher
Als Mittelpunkt der Persönlichkeit: Prinzip der Ausdehnung, des Wachstums, des Willens, der Energie.

VIII Gerechtigkeit
Als harmonische Übereinstimmung: Prinzip gleichmäßiger Verteilung; normale Tätigkeit und Fortbestehen des Organismus.

——————— × ———————

XIX Sonne
Prinzip allumfassender Ausstrahlung. Freudige Aufgeschlossenheit. Altruismus.

XV Teufel
Prinzip der Verdichtung, Verstofflichung. Ichbezogenheit. Instinkt. Brunst. Blutandrang.

E Vierfacher Ursprung menschlicher Überzeugung

V Priester
Religiöse und philosophische Tradition.
Aufgeklärter Gläubiger.

VII Wagen
Unabhängige Wahrheitssuche. Freidenker.

——————— × ———————

XVIII Mond
Übernommene Meinungen, herrschende Vorurteile, Aberglaube.

XVI Zerstörung
Widersprüchlichkeiten, einander feindliche Lehren, profane Sektierer, unechte Freigeister.

F Verschiedene Aspekte der Wahrheit

II Priesterin
Unergründliches, das die
Intuition zu seiner Durchdringung anregt.

V Priester
Dogma, dessen esoterische
Bedeutung erfaßt werden soll.
Den Buchstaben belebender Sinn.

—————————— × ——————————

XXI Welt
Das Absolute, nur in der Verzückung erfahrbar. Gesamtschau.

XVIII Mond
Materielle Formen, Hüllen,
äußerer Schein.
Buchstabengläubigkeit.

G Verhältnis von Idee und Verständnis

III Herrscherin
Die Idee spricht das
Verständnis an und
durchdringt es.

IV Herrscher
Die Idee entfaltet sich in allen
ihren Verzweigungen.

—————————— × ——————————

XX Urteil
Die Idee drängt sich dem
Verständnis auf und entfacht
Begeisterung oder Raserei.

XVII Die Sterne
Die geläuterte Idee zeigt
erhabenen oder poetischen
Charakter.

H Ergebnisse menschlicher Aktivität

VII Wagen
Triumph, Erfolg durch eigene
Verdienste.

X Rad
Erfolg durch Zufall, Glück oder
Begünstigung.

—————————— × ——————————

XVI Zerstörung
Niederlage, Scheitern, verursacht durch Illusionen
oder Fehler.

XIII Tod
Unvermeidliche Niederlage,
Vernichtung, an der man
persönlich keine Schuld trägt.

I Anwendung der Energie

VIII Gerechtigkeit
Gleichgewicht zwischen
Einnahmen und Ausgaben.
Regelmäßige Tätigkeit.

IX Weiser
Verminderung der Ausgaben.
Anhalten, Festhalten, Zurückbehalten. Keuschheit.

———————————— × ————————————

XV Teufel
Übermäßige Anhäufung und
plötzliche Verausgabung.
Ungestüme Glut.
Gewaltsamkeit. Leidenschaft.

XIV Mäßigkeit
Mattigkeit, Erschlaffung.
Abgespanntheit. Unempfindlichkeit. Gleichgültigkeit. Kälte.

Der kabbalistische Tarot

Im Tarot ist das Wissensgut der Kabbala, der jüdischen Geheimlehre, niedergelegt. Einer der gründlichsten Forscher auf diesem Gebiet, der Marquis Saint-Yves d'Alveydre, weist darauf hin, daß die Hebräer die Kabbala aus älterer Quelle, nämlich von den Chaldäern, übernommen haben, was bedeutet, daß dieses Volk ebenso wie die Ägypter noch den geistigen Anschluß an die sagenhafte atlantische Überlieferung besaß. Tatsächlich entsprechen die 22 großen Arkana den 22 Buchstaben des hebräischen Alphabetes und ihren Zahlenwerten; außerdem sind in ihnen die Grundlehren der Alchemie und Astrologie, ferner die Zusammenhänge der Planeten und Tierkreiszeichen mit Zahlen, Farben und Formen beschlossen.
Um die ganze Bedeutung der Arkana zu entschlüsseln, müssen wir uns mit jenen Gedankengängen der Kabbala befassen, die in unmittelbarer Beziehung zum Tarot stehen. Es sind dies die zweiundzwanzig hebräischen Buchstaben mit ihren Zahlenwerten, wie sie dem kabbalistischen »Baum des Lebens« mit seinen zehn Zahlenbezeichnungen (hebräisch Sephirot, Mehrzahl von Sephira) zugeordnet sind.
Kabbala ist die Wissenschaft vom Absoluten, das sich auf die Ebene des Geschaffenen projiziert; sie stellt dar, wie aus der Einheit die Vielheit entspringt.
Der Sephirotbaum stellt den organischen Bau der über dem Menschen waltenden Geisterwelt dar. In ihm entfal-

tet sich, vom Menschen aus gesehen, das Ununterscheidene in unterscheidbaren Aspekten, vom En Soph aus gesehen der Strom des Lebens. Die Vereinigung der Gegensätze zu ihrer Synthese, zur Ganzheit, wird im sephirotischen Bereich in die göttliche Sphäre selbst hineinverlegt und nicht, wie in der Alchemie, in den dunklen Stoff hineinprojiziert. Die Entwicklung des menschlichen Denkens und Vorstellens aus dem Unbewußten erscheint in menschlicher Sicht als eine Art Reflex, als bildhafte oder symbolische Spiegelung der Entfaltung der göttlichen unterscheidenden Vernunft (Bina) aus der göttlichen Weisheit (Chochmah), als doppeltes Geschehen im göttlichen und menschlichen Bereich.

In unnennbaren Höhen geht Kether unmittelbar in das Unendliche über, sie wird hie und da mit diesem für eins gehalten – während Malkuth die Geistesregion ist, die den Menschen unmittelbar berührt und umgibt.

Bei diesen Namen handelt es sich nicht um Abstraktionen, sondern um Wesenhaftes, dessen Substanz Weisheit ist.

Die ersten drei Sephirot gehören dem göttlichen Bereich an, von ihnen wird nur mit der größten Ehrfurcht, unter Furcht und Zittern gesprochen. Kether, die erste Emanation Gottes, wird auch »der Alte der Tage« genannt, der Eine, der Beweger, der Allmächtige.

Aus ihm geht das aktive und das passive Prinzip hervor, Vater und Mutter des Universums, Chochmah aktiv und Binah passiv. Sie sind die Wurzel aller Dualitäten, des Positiven wie des Negativen, männlich und weiblich, Geist und Materie.

Chochmah, der »Vater der Väter«, ist männlich und aktiv, sein Wille manifestiert sich im Wort, sie ist aktive Weisheit.

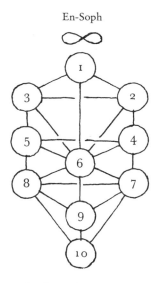

Aleph	Pfad 1	verbindet Kether – Chochmah	Pfad des Gauklers
Beth	Pfad 2	verbindet Kether – Binah	Pfad der Priesterin
Ghimmel	Pfad 3	verbindet Kether – Tipheret	Pfad der Herrscherin
Daleth	Pfad 4	verbindet Chochmah – Binah	Pfad des Herrschers
He	Pfad 5	verbindet Chochmah – Tipheret	Pfad des Priesters
Vau	Pfad 6	verbindet Chochmah – Chesed	Pfad der Entscheidung
Zain	Pfad 7	verbindet Binah – Tipheret	Pfad des Wagens
Heth	Pfad 8	verbindet Binah – Geburah	Pfad der Gerechtigkeit
Teth	Pfad 9	verbindet Chesed – Geburah	Pfad des Weisen
Yod	Pfad 10	verbindet Chesed – Tipheret	Pfad des Schicksals
Caph	Pfad 11	verbindet Chesed – Nezah	Pfad der Kraft
Lamed	Pfad 12	verbindet Geburah – Tipheret	Pfad der Prüfung
Mem	Pfad 13	verbindet Geburah – Hod	Pfad des Todes
Nun	Pfad 14	verbindet Tipheret – Nezah	Pfad der Mäßigkeit
Samek	Pfad 15	verbindet Nezah – Hod	Pfad des Teufels
Ayin	Pfad 16	verbindet Tipheret – Hod	Pfad der Zerstörung
Pe	Pfad 17	verbindet Tipheret – Yesod	Pfad der Sterne
Tsade	Pfad 18	verbindet Nezah – Yesod	Pfad des Mondes
Coph	Pfad 19	verbindet Nezah – Malkuth	Pfad der Sonne
Resch	Pfad 20	verbindet Hod – Yesod	Pfad des Gerichtes
Shin	Pfad 21	verbindet Hod – Malkuth	Pfad der Welt
Tau	Pfad 22	verbindet Yesod – Malkuth	Pfad des Narren

Binah, die »Mutter«, »der Thron«, das »Meer«, die unbewegten Urwasser, die das Potential des Lebens bergen.
Im zweiten Dreieck gewinnt das bisher Formlose Form. Chesed und Geburah spiegeln Chochmah und Binah auf niedrigerer Ebene, sie regieren Schöpfung und Vernichtung. Ihre Synthese finden sie in Tipheret, der Spiegelung von Kether, Schönheit, Harmonie und Lebenskraft. Tipheret ist die höchste Sphäre, die der Mensch erreichen kann.
Das dritte Dreieck zeigt dieselben Kräfte auf der Ebene der Instinkte, der Sinne und der Leidenschaften. Hod stellt die negative Kraft dar, die sich im Fließenden, im Wechsel zeigt, unüberlegte Reaktionen, das Natürliche gegen den Zwang. Nezah ist die Sphäre der Gedankentätigkeit, der Intelligenz, des Verstandes, von überlegten Reaktionen: das Künstliche und Gezwungene.
In der Sephira Jesod sind Kohäsion und Fluß vereint. Dies ist die Sphäre des Mondes, dessen ständiger Wechsel Teil eines kohärenten Systems ist. Wird der Sephirotbaum als menschlicher Körper dargestellt, so nimmt Yesod den Platz der Genitalien ein. Yesod ist die Tülle für die »oberen Wasser«, die Verbindung zwischen Vitalenergie und Mensch; psychisch ausgedrückt die Sphäre des Unbewußten.
Malkuth ist die materielle Welt, der Körper und das Gehirn des Menschen, aber auch das »Reich Gottes«, die Synthese aller Sephirot. Oft wird Malkuth Shekinah genannt, das weibliche Element Gottes, die Himmelskönigin, Tochter und Braut, verbannt in die Materie.
Das Anliegen der Kabbala ist, die Shekinah wieder mit Gott zu vereinen. Malkuth ist die Pforte, durch die der Mensch seinen Aufstieg beginnt, hier betritt er die Leiter spirituellen Aufstiegs.

Die Abstufung schließt nicht eigentlich eine Höher- oder Minderwertung ein. Wie die Krone keimhaft den ganzen Baum in sich trägt, erscheint der Baum im Reiche verdichtet.

Die oberste Triade bezeichnet wesentliche Potenzen der Erkenntnis, das Vernunftreich. Chochmah, die Weisheit, bildet den Uranfang der Dinge und wird in der Gnosis mit dem Logos identifiziert. Binah enthält zur Weisheit auch die Negation als Unterscheidung zwischen Sinnvollem und Sinnlosem, Begrenzung und Formung.

Die mittlere Triade bezeichnet die Urmächte des seelischen Lebens, Chesed (Gnade, Erbarmen) und Geburah (die Gerechtigkeit, der die Unterschiedlichkeiten des Daseins unterworfen sind), beide versöhnt in Tipheret, jener Sphäre, in der Liebe wirken kann, ohne in sich selbst zu zerfließen. Die unterste Triade zeigt die Urmächte des vitalen Daseins (des Naturreichs), Nezah, Stärke, Triumph, Sieg und vom unteren Urgrund her die physische Zeugungsmacht, dann Hod, Pracht, Ruhm, die einen gewissen Gegensatz zur Stärke bedeutet, und Yesod, Fundament, Grund, keimhaft latente Energie. Diese dreifache Dreiheit der Sephirot wird zur Einheit in Malkuth.

Diese Einteilung in Dreiheiten läßt bereits eine Gliederung in rein positive Potenzen, Weisheit, Gnade und Kraft (aktives Prinzip) und in solche, die ihre Polarität einschließen, Vernunft, Gerechtigkeit oder Strenge, und Hod, Kraft im physischen Aspekt, erkennen. Damit sind nicht negative Prinzipien gemeint, Vernunft kann nicht als Gegensatz von Weisheit, Gerechtigkeit nicht als Gegensatz der Kraft gelten, wohl aber ein ursprüngliches Bezogensein auf Negatives.

In diesem Sinne wird die rechte Säule als Säule der Liebe, die linke als Säule des Erbarmens und die mittlere als Säule der Gerechtigkeit bezeichnet.

Eine der wichtigsten Zusammenfassungen sind die drei senkrechten Säulen.
Jede der Linien, die die Sephirot verbinden, wird durch einen hebräischen Buchstaben und die entsprechende Tarotkarte gekennzeichnet, welche die Beschaffenheit und die Erfahrungen dieses Pfades bestimmt.
Der Baum des Lebens kann in zwei Richtungen gelesen werden; von oben nach unten zeigt er die Pfade, die von Gott zum Menschen führen, von unten nach oben den Pfad des Menschen zu Gott.
Finden wir beim Auflegen der Tarotkarten nachstehende Kombinationen, so werden wir besonders auf die hier angegebenen Eigenschaften hingewiesen.

These:	Antithese:	Synthese:
2 Weisheit	3 Vernunft	1 Krone
4 Große Gnade	5 Recht	6 Herrlichkeit
7 Aktives Prinzip	8 Passives Prinzip	9 Ausgleichendes Prinzip
		10 Reich
Säule des Erbarmens	Säule der Gerechtigkeit, der Stärke	Säule der Liebe
Satz	Gegensatz	Vermittlung
Farbe Weiß	Farbe Rot	Farbe Grün

In den alten Originalen befindet sich über dem eigentlichen Baum noch ein Kreis, der das reine Sein, das Unendliche, das Ain-Soph oder En-Soph, bezeichnet. Es ist die höchste, unerkennbare Gottheit, nur durch sich selbst bestimmt, erhaben über Zeit und Raum.

A. Ihr zunächst steht die Welt der ersten Emanation, Aziluth, die Welt der reinen Ideen und des Geistes. Gebildet wird sie von den drei ersten Sephirot.

1. Kether – Krone, die Ursephira, aus der alle anderen ausströmen und die beinahe so unfaßbar ist wie die höchste Gottheit. Sie wird deshalb auch als das Nicht-Seiende bezeichnet und bildet mit den Sephirot Binah und Chochmah die erste waagrechte Triade, den Plan des Universums. Der schöpferische Gedanke. Im Tarot der Gaukler (I).

2. Chochmah – Weisheit, gleich wie der schöpferische Gedanke unmittelbare Ausstrahlung des Vaters, sein Sohn, der Logos, der Mittler, das Wort, das Wissen; das Gehirn. Im Tarot die Priesterin (II).

3. Binah – Einsicht, Intelligenz, Verständnis, Fassungskraft, die Jungfrau-Mutter, die den Ideen Gestalt verleiht. Das Herz. Die Herrscherin (III).

B. Die folgende Dreiheit bildet die Welt der himmlischen Sphären, Welt der Schöpfung, Beria. Sie bezieht sich auf das Gefühl und die Willensschulung, auf das Seelische.

4. Chesed – Dank, Gnade, Güte, Erbarmen oder Gedulah – Größe, Macht, Lob. Schöpferische Macht, die Leben gibt. Die männliche Seele. Der Herrscher (IV).

5. Geburah – Unbeugsamkeit, Härte, Strenge, Pechad – Strafe, Furcht oder Din – Gericht. Wille, Pflicht, Moral. Konzentration. Die weibliche Seele. Der Priester (V).

6. Tipheret – Schönheit, Gefühl; Zuneigung, die das Wollen bestimmt. Ausgleich zwischen Liebe und Gesetz, Barmherzigkeit. Die Entscheidung (VI).

C. Die dritte Dreiheit ist dynamisch; sie bezieht sich auf die Verwirklichung und damit auf die Körperhaftigkeit.

7. Nezah – Triumph, Sieg, Entschlossenheit, Festigkeit. Koordinierendes Prinzip, das Bewegung und Fortschritt leitet. Großer Baumeister des Universums. Der Wagen (VII).

8. Hod – Ruhm, Pracht, Widerstandskraft. Jugendfrische. Gesetzmäßige Naturordnung. Die Gerechtigkeit (VIII).

9. Jesod – Fundament, Grund, keimhaft latente Energie. Der Astralkörper. Der Weise (IX).

Die dreifache Dreiheit der Sephirot wird zur Einheit in der zehnten Sephira.

10. Malkuth – Reich, Herrschaft, Königswürde. In ihr vereinen sich Denken, Wollen und Handeln – Geist, Seele, Körper, um das Werdende zu vollenden. Quintessenz der Elemente.
Das vollendete Wesen ist der himmlische Mensch, Adam Kadmon, der in sich die schöpferischen Prinzipien vereinigt und als Mittler Unendliches mit Endlichem verknüpft. Wenn er sich individuell differenziert, nimmt er physischen Körper an. Dargestellt wird er mit der Krone an das Absolute reichend, während seine Füße die materielle Welt berühren.

In der Kabbala spielen, wie schon angedeutet, die zweiundzwanzig hebräischen Buchstaben und der kabbalistische Baum des Lebens eine große Rolle.
Die hebräischen Buchstaben haben eine doppelte Bedeutung als Zahl und als Bezeichnung des mystischen Seins

oder Wesens, projiziert auf die Ebene des Geschaffenen. Das hebräische Alphabet liegt einer Technik zugrunde, die ein vertieftes Verständnis Gottes, des Menschen und der Welt vermittelt, die Buchstaben sind das Modell der unzähligen, scheinbar unzusammenhängenden Phänomene, die dem »Einen Körper« der Gottheit eignen. Nachfolgend sind alle Beziehungen der 22 Tarotkarten zu den Gottesnamen, Engeln, Planeten, Buchstaben und ihren Zahlenwerten zusammengefaßt.

Karte I: Der Gaukler. Buchstabe Alef, Zahlenwert 1. Mensch, Mann, Vater. Brust, Ochse, Luft. Entspricht dem Gottesnamen Ehjeh oder Wesen Gottes. Bezeichnet die »Tiere der Heiligkeit«. Erster Chor der Engel, die Seraphim.

In der Welt der Zahlen ist Alef das Zeichen für die Eins; denn die Eins existiert eigentlich nicht in unserer Welt. Wir kennen nur Teile des Ganzen, wo zwar auch 1, 2 und 3 vorkommen, nicht aber etwas, das im genannten Sinn Eins ist, so daß es die Gegensätze wie Leben und Tod umspannt.

Alef ist das Grundprinzip aller Buchstaben, gewissermaßen fangen alle Buchstaben beim Zeichen Alef an, gehen aus ihm hervor.

Karte II: Die Priesterin. Buchstabe Beth. Zahlenwert 2. Haus des Menschen. Mund. Gottesname Bachow oder Klarheit. Bezeichnet die Engel zweiter Ordnung, Ophanim und Cherubim, die das Chaos ordneten. Sphären des Mondes. Montag.

Karte III: Die Herrscherin. Ghimmel, Zahlenwert 3. Camel, die Natur, die Fülle. Sephira Binah. Gottesname Gadol – der Große. Engel Aralym, Form der Materie. Verbindung mit dem Namen Tetragrammaton, der

Vierbuchstabige. Sphäre der Venus. Freitag. Existenz der Welt.

Karte IV: Der Herrscher. Daleth, Zahlenwert 4. Die Türe, der Schoß, das weltliche Gesetz. Sephira Chesed = Milde, Gnade. Gottesname Dagoul – der Erhabene. Engel Hasmalin. Gestaltung der Materie. Sphäre des Jupiters. Donnerstag. Welt der Abschließung, der Gegensätze.

Karte V: Der Priester. He. Zahlenwert 5. Das Fenster, der Atem, die Religion. Sephira Geburah. Stärke, Macht. Gottesname Hadom – der Majestätische. Engel Seraphim. Elemente.
Das Licht fällt durchs Fenster, man sieht, was draußen ist.

Karte VI: Die Entscheidung: Vau. Zahlenwert 6. Der Haken, das Auge, die Vereinigung, die Freiheit. Sephira Tiphereth = Schönheit. Gottesname Vezio – der Glänzende. Engel Malakim. Metalle, Mineralien.
Der Haken verbindet die sechs Tage der Schöpfung mit der Welt, die vor der Schöpfung bestand.

Karte VII: Triumph. Zain. Zahlenwert 7. Der Pfeil, das Eigentum, die Waffe, Schwert, Sieg. Sephirah Nezach = Sieg. Gottesname Zakai – Herrliche Welt. Engel Kinder Elohims. Pflanzen.
Die ganze körperliche Realität, über die wir aber hinaussehen können. Unruhe.

Karte VIII: Die Gerechtigkeit. Hod. Zahlenwert 8. Feld, Zaun, Verteilung. Sephira Hod = Ruhm. Gottesname Chesed – Der Barmherzige. Der Fromme. Engel Benai Elohim. Tiere. Abgrenzung.

Karte IX: Der Weise. Teth. Zahlenwert 9. Dach (Schlange), die Bedachung, Schutz, Sicherheit, Klugheit, Kapuze. Sephira Jesod. = Fundament. Gottesname Tehor – der Reine. Schutzengel.
Der Ort, wo sich das Neue entwickelt, wächst und schließlich hervortritt. Der verborgene Neuanfang.

Karte X: Das Schicksal. Jod. Zahlenwert 10. Der Zeigefinger, der Phallus, der Ursprung, das aktive Prinzip, Ordnung. Sephira Malkuth – Reich. Gottesname Jah – Gott. Heroen.
Die Ebene der Tat, des sinnvollen Tuns des Menschen.

Karte XI: Die Kraft. Caph. Zahlenwert 20. Faust, Kraft, Führung. Gottesname Chabir – der Mächtige. Erste Bewegung. Miiatron. Fürst der Gesichter. Vermittler. Sphäre des Mars. Dienstag. Das Lebendige.

Karte XII: Die Prüfung. Lamed. Zahlenwert 30. Der Treibstachel, der ausgestreckte Arm, das Herz, alles, was sich ausstreckt und dann anbindet. Gottesname Schadai – der Allmächtige. Sphäre des Saturns. Sonnabend. Die Welt des Tuns, die sich des Stachels bedient.

Karte XIII: Der Tod. Mem. Zahlenwert 40. Wasser, weibliches Prinzip, die Höhle, der Bauch, der Tod. Gottesname Neborake – der Gesegnete. Befreiung aus der Zeit.

Karte XIV: Die Mäßigkeit. Nun. Zahlenwert 50. Der Fisch. Das Prinzip des Rückfalls. Als sprossender Keim die Transmutation, die Frucht. Wiederverkörperung. Gottesname Nora – der Schreckliche. Emanuel. Sphäre der Sonne. Sonntag.
Individualität des Menschen in der Zeit. Beginn einer anderen Welt.

Karte XV: Der Teufel. Samech. Zahlenwert 60. Allgemeines Wesen. Die Hilfsquelle, Blut, Lebenskraft. Das Astrallicht. Die Schlange. Gottesname Samech – der Stützende. Sphäre des Merkurs. Mittwoch.
Die Ursünde. Das Leiden im Gegensatz.

Karte XVI: Die Zerstörung. Ayin. Zahlenwert 70. Die Augenbraue, das stoffliche Band. Gottesname Hazad – der Starke. Sphäre des Mondes. Montag. Das körperliche Auge. Wahrnehmung kann zur Einheit führen. Brunnen mit lebendigem Wasser.

Karte XVII: Die Sterne. Ph. Zahlenwert 80. Mund und Zunge. Unsterblichkeit. Das Wort im Sinn von Logos. Erlösung. Gottesname Phode – der Erlöser. Element Feuer.
Die kommende Welt, das Gespräch zwischen Gott und dem Menschen.

Karte XVIII: Der Mond. Tsade. Zahlenwert 90. Die Begrenzung nach oben. Schatten. Reflex. Dach (Fischhaken).
Der Mensch, der aus dem Wasser, aus der Zeit gezogen wird.

Karte XIX: Die Sonne. Coph. Zahlenwert 100. Der Hinterkopf, die Axt, das schneidende Instrument. Die Berufung. Gottesname Kodesch – der Heilige. Element Erde. Das Nadelöhr. Neues Leben beginnt mit 100.

Karte XX: Das Gericht. Resch. Zahlenwert 200. Das Haupt, die Bewegung, Erneuerung. Dankbarkeit. Gottesname Rodeh – der Herrschende. Vegetabilien. Tiere. Kopf als Anfang der Verwirklichung. Das Wesentliche, der Kern.

Karte XXI: Die Welt. Shin. Zahlenwert 300. Die Zähne, das Feuer, das Spitzige, das in die Höhe Strebende. Pfeil.
Gottesname Schadai – der Allmächtige.
Mittels der Zähne wird alles mit dem einen verbunden.

Karte O: Der Narr. Tau. Zahlenwert 400. Der T-Balken, der Makrokosmos, der Schoß, die Zusammenziehung.
Gottesname Thechina – der Gnädige.
Das Kreuz, die Vierheit.

Die Zahlen 1 bis 10 entsprechen der Welt der Engel, 11 bis 18 den Sphären und Elementen, 19 bis 22 der irdischen Welt in der Evolution, umgekehrt in der Involution.

Dreizahlen und Siebenzahlen

Haben wir den Tarot bisher als ein aus zweiundzwanzig Karten bestehendes Ganzes aufgefaßt, die sich in ihrem aktiven und passiven Aspekt entsprechen, so können wir auch von einem andern Gesichtspunkt ausgehen und die 0, den Narren, aussondern. Dann bleiben einundzwanzig Karten, denen wir, als sieben Dreiheiten oder drei Siebenheiten gesondert, unsere Aufmerksamkeit zuwenden wollen.

Jede Dreizahl entspringt aus einer Einheit und kann zerlegt werden in:

A. das aktive Prinzip, Ursache oder Subjekt der Handlung;

B. die Handlung dieses Subjekts, sein Wort, der Stoff, in dem sie sich ausformt;

C. das Objekt dieser Handlung, das Ergebnis.

Diese drei Stufen bedingen sich gegenseitig, und zwar entspricht die Aktivität der ersten Karte dem Geiste; die zweite ist aktiv im Verhältnis zur ersten und passiv im

A	B	C
Geist des Geistigen	Geist des Seelischen	Geist des Körperlichen
Seele des Geistigen	Seele des Seelischen	Seele des Körperlichen
Körper des Geistigen	Körper des Seelischen	Körper des Körperlichen

Verhältnis zur dritten, sie vermittelt zwischen den beiden und stellt das Seelische dar; die dritte Karte ist der Körperlichkeit zugeordnet, wie folgende schematische Darstellung zeigt.

Die sieben Dreizahlen

Die dreifache Dreizahl der Sephirot enthält den Schlüssel zu den ersten drei Dreizahlen des Tarots, den Karten I–IX; ihnen entspricht jeweils eine zweite Gruppe, die folgenden neun Karten von X bis XVIII umfassend. Die erste Gruppe bezieht sich auf das göttliche Urbild des Menschen, den Adam Kadmon, und die zweite auf den irdischen Adam, das Kollektiv der Menschheit. Die dritte Dreiheit, die Karten von XIX bis XXI, stellt die Synthese der beiden vorhergehenden Gruppen dar.
Jeder dieser dreifachen Dreiheiten entsprechen drei verschiedene Sphären oder Verdichtungsgrade:
A bezeichnet die Sphäre der Verursachungen,
B die Sphäre der Bewirkungen und
C die Sphäre der Hervorbringungen im geistigen, seelischen und körperlichen Bereich. In nachfolgender Tabelle werden sie übersichtlich dargestellt.

A Geistige Sphäre: Verursachungen

I Gaukler	X Rad
Bewußtseinsprinzip. Ich. Reine Idee. Mittelpunkt, der alle Gedanken ausstrahlt.	Prinzip der Individualisierung. Geistige Verursachung immerwährenden Werdens.

B Geistige Sphäre: Bewirkungen

II Priesterin	XI Kraft
Das schöpferische Wort. Zeugung und Austragung der Idee.	Das Individuelle äußert sich in seiner Tätigkeit.

C Geistige Sphäre: Hervorbringungen

III Herrscherin
Gestalthafte Objektivation.
Urbilder.

XII Prüfung
Individuell objektivierte Ideen
und Vorstellungen. Geistiges
Auffassen. Erlittene Erfahrung.

A Seelische Sphäre: Verursachungen

IV Herrscher
Belebendes Prinzip. Mittelpunkt
aller Willensausstrahlung und
Gefühlsempfindung. Erzeuger
des psychischen Lebens.

XIII Tod
Prinzip der Erneuerung des
individuellen Lebens. Verursachung vitaler Umwandlungen und Austauschvorgänge.

B Seelische Sphäre: Bewirkungen

V Priester
Psychisches Leben. Halt und
Einordnung. Akte des Fühlens
und des Wollens.

XIV Mäßigkeit
Universelles Leben, das von
einem Individuum auf andere
übergeht.

C Seelische Sphäre: Hervorbringungen

VI Wahl
Gefühl bestimmt die Willensrichtung. Gelübde.

XV Teufel
Vitalkräfte. Physische Anziehung. Instinkt als Versucher.
Egoistische Impulse.

A Körperliche Sphäre: Verursachungen

VII Wagen
Universelles bewegendes und
lenkendes Prinzip.

XVI Zerstörung
Prinzip individueller Zuwiderhandlung. Hybris. Zunehmende
Vergröberung und Verhärtung
der Materie.

B Körperliche Sphäre: Bewirkungen

VIII Gerechtigkeit
Organische Gesetzmäßigkeiten.

XVII Sterne
Erschaffene Formen, die ein
Schönheitsideal widerspiegeln.

C Körperliche Sphäre: Hervorbringungen

IX Weiser
Feinkörperliche Grundlagen.
Astralkörper.

XVIII Mond
Maja, schöpferische Ein-Bildekraft. Phantasterei, Sinnesillusionen.

Die dritte Dreizahl als Synthese der beiden ersten

Der Mensch, nach dem Vorbild des himmlischen Menschen geformt, ist bestimmt, nach seinem Sturz in die Materie seine Erlösung zu erwirken. Diese Erhöhung schildert die dritte Dreiheit des Tarots.

A Geistige Sphäre: Verursachung

XIX Sonne:
Erlöser. Überweltliche Vernunft erneuert und erhöht Kreatürliches.

B Seelische Sphäre: Bewirkung

XX Urteil:
Erlösungsgeschehen. Überweltliche Schau befruchtet die Intelligenzen. Ewiges Leben.

C Körperliche Sphäre: Hervorbringung

XXI Welt:
Vollbrachte Erlösung. Vereinigung mit der ursprünglichen Einheit. Glorreiche Materie. Vollkommenheit.

Diese sieben Dreiheiten sind in der höchsten Einheit, dem En-Soph, dem Ununterscheidbaren, der Leere, enthalten; dargestellt wird das Unfaßbare im Tarot durch den Narren, die 0. Als außerhalb der Gegensätzlichkeiten stehend, kann ihn unser dialektisches Denken nur als das Absurde, das Paradoxe, begreifen.

Die drei Siebenzahlen

Die drei Siebenzahlen unterstehen derselben Gesetzlichkeit wie die sieben Dreizahlen. Ihr Symbol ist das Siegel Salomons, eine Figur, in der die sich diametral gegenüberstehenden Zahlen stets die Summe sieben ergeben. Die beiden verschränkten Dreiecke versinnbildlichen die Vereinigung von Männlichem und Weiblichem, Aktivität und Passivität, Geist und Materie.

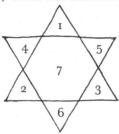

Auf diese Gegensatzpaare beziehen sich jeweils die ersten sechs Bilder der beiden ersten Siebenzahlen; das siebente Bild führt dann die Siebenzahl auf ihre Einheit zurück und gibt zugleich das Ergebnis kund.

Diesen drei Siebenzahlen entsprechen folgende Trilogien:

Geist	Seele	Körper
Bewußtsein	Leben	Aktvollzug
Subjekt	Wort	Objekt
Ursache	Akt als Intention	Hervorbringung

Die erste der drei Siebenzahlen verbindet die beiden ersten Dreiheiten des Tarots. Ihre Synthese, Arkan VII, stellt den belebenden Geist dar, der sich der Organe bedient. In der zweiten Siebenzahl wird die Synthese von Arkan XIV, die Mäßigung, dargestellt. Diese Synthese ist das Ergebnis folgender Faktoren:

Aktive Faktoren

VIII Gerechtigkeit: Gesetzmäßigkeit aller Aktivität.
VIX Weiser: Konstruktive, latente Energien.
VIX Rad: Zeugendes Prinzip, erster Impuls zu individuellem Dasein.

Passive Faktoren

IIXI Kraft: Individuelle Ausstrahlung.
IXII Prüfung: Individuelles »Wort«. Geistige Kräfte.
XIII Tod: Erneuerung individuellen Daseins.

In der dritten der drei Siebenzahlen bezieht sich die siebente Karte auf das Geheimnis der ewigen Substanz (XXI), die zu Beginn (I) eine Verdichtung, Verstofflichung, und dann eine Läuterung, eine zunehmende Vergeistigung, erfährt.

Aktiv verdichtende Prinzipien

IIXV Teufel: Instinkthafte Versuchungen, Ursache des trennenden und beschränkenden Egoismus, Körperbildend.
IXVI Zerstörung: Fall, Auflehnung, Vereinzelung, Verkörperung.
XVII Sterne: Konkrete Formen.

Passiv vergeistigende Prinzipien

XVIII Mond: Bearbeitung und Verfeinerung der Materie, Arbeit, Mühewaltung.
VXIX Sonne: Vereinigung des Geistes mit der geläuterten Materie.
VIXX Urteil: Vergeistigung.

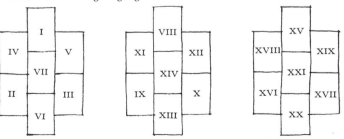

Symbolismus der Formen und Farben

Aller symbolischen Darstellung liegen vier Formen zugrunde: Der Kreis, das Kreuz, das Dreieck, das Viereck. Die geschlossenen Formen beziehen sich auf Substanzen, die offene Kreuzesform auf Zustandsveränderungen.

○ ✜ △ ☐

Der Kreis

Der Kreis stellt die räumliche Leere dar, die Null; im Tarot den Narren. In der Alchemie ist er das Zeichen des Alauns, des Prinzips der anderen Salze, der Mineralien und Metalle.

Die schöpferische Energie wird durch einen Punkt inmitten des Kreises dargestellt, der nun einen das Chaos bestimmenden Mittelpunkt erhält. Es ist das Zeichen der Sonne und des beständigen Goldes. Das Silber hingegen wird dem launischen Mond verglichen. Beide Zeichen tragen noch andere Bedeutungen.

Sonne   Mond

Ausstrahlendes Licht	Reflektiertes Licht
Männlichkeit	Weiblichkeit
Aktivität	Passivität
Beständigkeit	Unbeständigkeit
Ruhender Kern	Wandelbarkeit der Erscheinung

Weisen die Spitzen des Halbmondes nach oben, so beherrscht er, was unter ihm steht, weisen sie nach unten, so wird er beherrscht.

Die Ursubstanz, das alkalische Salz, ist unbegrenzt verwandlungsfähig und gleicht darin der »Prima Materia« der Alchemie. Dieses Symbol ähnelt dem astrologischen Zeichen des Stieres, welches auf die fruchtbare Erde Bezug hat, die alles pflanzliche Leben hervorbringt. Umgekehrt bedeutet dieses Zeichen das Steinsalz, die verwandte, aber unveränderliche Substanz; unveränderlich, weil sie bereits alle Bearbeitungen erlitten hat.

Das Kreuz

Dieses universelle Zeichen setzt sich aus einem vertikalen, aktiven Strich – Symbol der männlichen, befruchtenden Energie – und einem horizontalen, passiven Strich – Symbol des Weiblich-Empfangenden – zusammen.
Über ein anderes Zeichen gesetzt, bedeutet es Vollendung und Vollkommenheit. Darunter gesetzt, eine noch zu vollbringende Arbeit, eine latente Wirkungsfähigkeit. Innerhalb eines Kreises belebt das Kreuz die Substanz; von der Alchemie wird dieses Zeichen dem Grünspan zugeordnet. Es bedeutet das vegetative, grünende pflanzliche Leben. Die aktiv und passiv polarisierten Lebenskräfte erzeugen einesteils das explosive, salpetersaure Salz, andernteils das zum stabilen Gleichgewicht strebende Meersalz. In allem Lebenden kombiniert sich das Aktive und das Passive in wechselnden Proportio-

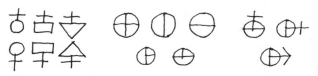

nen. Das volle Leben erscheint in den Pflanzen, weil hier Aktivität und Passivität ausgeglichen sind.

Das pflanzliche Leben ist weniger aktiv als das tierische, dessen Zeichen zugleich das Zeichen des Vitriols ist.

Mineralien leben auf passive Art und werden wie links dargestellt. Der Kreis, ihr Zeichen, von einem Kreuz gekrönt, ist das Ideogramm der Erde. Die Alchemisten sahen darin das Sinnbild der geheimnisvoll wunderbaren Wirkungskraft der Erdseele.

Das Zeichen des sublimierten Mineralreiches, horizontal gelesen, ist jenes des Kupfervitriols (blau), zugleich des femininen, animierenden Lebensgeistes, dem der aktive männliche Magnetismus entspricht; repräsentiert wird letzterer vom Zeichen des Eisenvitriols (grün). Der Pfeil bezeichnet eine Aktivität.

Ideogramm der Lilie (IV): Kreuz über Dreieck, mit Halbmonden und Flamme: Diese Figur ruht auf einem Dreieck, dessen Spitze nach unten weist und das Wasser, die Seele, versinnbildlicht. Das darüberstehende Kreuz wird durch zwei Halbmonde vervollständigt, seelische Kräfte, die zugleich ausstrahlen und emportragen; gekrönt wird es durch eine Flammenform.

Emblem der Herrscherin (III) ist die Lilie, ein Symbol der Reinheit; in diesem Ideogramm wird der passiven Figur die männliche Energie beigesellt: indem sie die instinktive Glut der Leidenschaft von allen verwirrenden, selbstischen Verflechtungen reinigt, betätigt sie dieses weibliche Ideal.

Kreuz mit dreifachem Querstrich (V): Diese Figur erinnert an den Sephirotbaum. Aus der Dreizahl geht hier die Siebenzahl hervor, Zahl der Harmonie und der planetarischen Einflüsse, der Hilfskräfte, welche beitragen, die Welt zu regieren. Auf den Menschen bezogen, bedeuten die darin erscheinenden Planetenzeichen folgende Tugenden oder Verfehlungen:

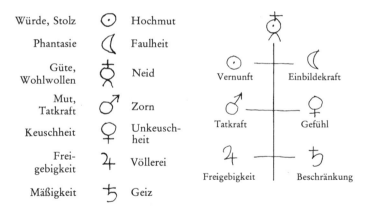

Jede dieser paarweise entgegengesetzten Kräfte wirkt in einer bestimmten Richtung; ohne einander aufzuheben, setzen sie die Kreisbewegung in Schwung, auf der das Leben beruht. Das oberste Zeichen stellt das erlangte Gleichgewicht dar.

Der Vergleich der folgenden Zeichen erlaubt uns die Unterscheidungen:

☿ Antimon
Intellektuelle Seele. Erhebender, geistiger Einfluß. Geist erhebt sich über die Materie. Evolution – Erlösung.

⊕ Grünspan
Vegetative Seele. Physische Lebenskräfte. Fleischgewordener Geist. Gesundheit. Vitales Gleichgewicht.

♀ Kupfer
Instinktive Seele. Anziehende Kräfte, die Körperhaftigkeit bewirken. Sturz des Geistes in die Materie. Involution.

Das schräg gestellte Kreuz symbolisiert den Aufprall zweier feindlicher Kräfte, der Funken sprühen läßt.

Das Dreieck

Die vier Elemente der Alchemisten: das Trockene und das Feuchte, das Kalte und das Heiße, differenzieren das Chaos und verleihen der Materie bestimmte Eigenschaften, ohne daß sie selbst als materiell aufzufassen wären. Sie werden durch Dreiecke dargestellt:
Das auf breiter Basis stehende Dreieck stellt die Erde dar, im Tierkreis das erdhafte Trigon.
Mit der Spitze nach unten, gemahnt das Dreieck an die horizontale Wasserfläche, im Tierkreis das wäßrige Trigon.
Das Feuer wird durch das nach oben weisende, mit einem horizontalen Querstrich versehene Dreieck dargestellt, im Tierkreis das feurige Trigon.
Die Luft erscheint als das nach unten weisende, mit horizontalem Querstrich versehene Dreieck, im Tierkreis das luftige Trigon.

Dem erdhaften, wäßrigen, feurigen und luftigen Trigon entsprechen im Jahresablauf die vier Jahreszeiten, im Horoskop die zwölf Häuser.

Der Gleichgewichtszustand der Elemente wird durch das kosmogonische Kreuz dargestellt.

In den Arkanen kommen die in nachstehender Tabelle aufgeführten Entsprechungen vor:

Ideogramme:	△	▽	△	▽
Elemente:	Erde	Wasser	Feuer	Luft
Kabbalistische Vierzahl:	Stier	Adler	Löwe	Engel
Tierkreiszeichen:	♉	♍	♌	♒
Planeten:	Saturn	Jupiter	Mars	Venus
Planetenzeichen:	♄	♃	♂	♀
Metalle:	Blei	Zinn	Eisen	Kupfer
Farben:	Schwarz	Blau	Rot	Grün
Evangelisten:	Lukas	Johannes	Markus	Matthäus

Das Kreuz über dem Dreieck ist das Zeichen des Schwefels und des vollendeten »Großen Werkes«. Dieses ist vollbracht, sobald das Wasserelement die Reihe der Distillationsprozesse durchlaufen hat. Das Wasserelement entspricht der Lebenskraft, während das Salz die Gesamtpersönlichkeit darstellt. Diese erfährt eine Ausdehnung, eine Erweiterung durch die expansive Kraft des Schwefels und wird durch die merkurielle Umgebung in Schranken gehalten. Dies ist die Auslegung der Dreiheit Schwefel, Salz und Merkur, auf der die ganze Alchemie gründet.

Das Viereck

Durch den Einfluß der vier Elemente, die als Kräfte und nicht als materielle Gegebenheiten aufzufassen sind, wandelt sich die ununterschiedene Substanz in sinnenhaft wahrnehmbare Materie. Die gekoppelten Gegensätzlichkeiten stellen einen Gleichgewichtszustand, Vorbedingung jeder Sichtbarwerdung, her. Dieser vollkommene Gleichgewichtszustand wird durch den kubischen Stein der Freimaurer oder den Stein der Weisen dargestellt. Die Materie ist hier nur noch Träger geistiger Kundgebung. Gewonnen wird der Stein der Weisen aus dem Weinstein, der dem unbearbeiteten Stein, der nun viereckig behauen werden muß, gleichgesetzt wird.
Das geheime Wirken der unsichtbaren geistig-seelischen Formkraft, das unsichtbare Gerüst jeder individuellen Verkörperung, wird abstrakt in der Anordnung der Zahlen im »magischen Quadrat« dargestellt. Die ungeraden Zahlen bilden die Kreuzesform der Mitte, während die geraden Zahlen, die vier Elemente symbolisierend, an den vier äußeren Ecken stehen. Die Zahl Fünf, die Quintessenz, ist der Wesenskern; zu ihrer Linken befindet sich die Zahl Drei, die ideelle Formkraft, zu Rechten die Zahl Sieben, die richtungsgebende seelische Kraft; beherrscht wird die Fünf von der Eins, dem reinen Geist, gestützt von der Neun, der Synthese aller Verwirklichungsmöglichkeiten.

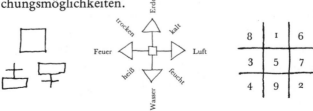

Die planetarischen Zeichen

Sonne	Gold	Sonntag	☉
Mond	Silber	Montag	☽
Mars	Eisen	Dienstag	♂
Merkur	Quecksilber	Mittwoch	☿
Jupiter	Zinn	Donnerstag	♃
Venus	Kupfer	Freitag	♀
Saturn	Blei	Samstag	♄

Das Zeichen des Mars entspricht kriegerischer Aggressivität, das der Venus verkörpert Hingabe und Zärtlichkeit. Der Opposition von Sonne und Mond entspricht jene von Jupiter und Saturn, deren Ideogramme sich aus Kreuz und Mond zusammensetzen. Während bei Jupiter das Symbol des Wechsels den Querstrich des Kreuzes überragt, ist es bei Saturn dem vertikalen Strich angefügt. Jupiter und Venus beziehen sich auf eine Entwicklung, während Saturn auf ein beendigtes Werk verweist. Diese Unterschiede können wie in folgender Tabelle formuliert werden:

Jupiter – Zinn ♃	Saturn – Blei ♄
Kreuz unterhalb des Halbmonds	Kreuz oberhalb des Halbmonds
Wandlungsfähigkeit.	Beendete Bearbeitung.
Wachstum. Jugend.	Hinfälligkeit. Alter.
Materialisation.	Vergeistigung.
Aufbau des Organismus.	Abbau, Auflösung des Organismus.
Lebenserzeugendes Prinzip.	Tod als Verwandlungsprinzip.

Die Farben

Das Prisma zerlegt das weiße Licht in drei ursprüngliche Farben: Rot, Blau und Gelb; sie entsprechen der Dreiheit Geist, Seele, Körper; oder Schwefel, Quecksilber und Salz. Die drei aus den Urfarben gebildeten Farben: Violett, Grün und Orange stehen in Beziehung mit der geistigen Seele, der Körperseele oder Vitalität, und dem Geiste des Körpers. Entspricht die Symbolik der Formen körperhaften Gebilden, so stellen die Farben Gefühlswerte dar.

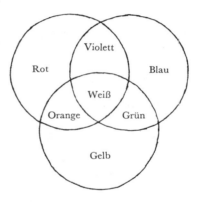

Weiß: bedeutet Unschuld, Reinheit, Aufrichtigkeit, Harmonie, Versöhnlichkeit, Friede, Vollständigkeit, Unversehrtheit; ferner Licht und das Sein als Gegensatz zur schwarzen Finsternis, zum Nicht-Sein.

Schwarz: deutet auf Tod, Schicksalsschläge, Verzweiflung, Enttäuschung; aber auch auf Tiefe, Ernst, Strenge, schweigsame Mühewaltung, Geheimnis, Verschwörung. Alles Keimende wird von der verschwiegenen Dunkelheit gehütet und beschützt.

Grau: Farbe der Asche. Unzerstörbare Überreste dessen, was einmal war. Gleichgültigkeit, Unbeweglichkeit, Unentschlossenheit. Demut, Armut, Trauer.

Rot: Farbe des Blutes. Lebenskraft, Feuer, organischer Körper, Begeisterung, Lebhaftigkeit; Liebe, Mut, Kraft, Tätigkeit.

Purpur: Geistigkeit, Vernunft, Wille, Herrschaft.

Blau: Farbe des Himmels, der Luft, der Seele. Beschaulichkeit, Frömmigkeit, Treue, Glaube. Sanftmut, Güte, Gefühl, Zuneigung. Erhebung zur Vollkommenheit.

Violett: Verstand, Unterscheidung, Mystizismus; Lehrtätigkeit, Übereinstimmung von Gefühl und Verstand.

Gelb: Geistigkeit, ausstrahlendes Licht, daraus erschaffene Welt, Festigkeit, Ernte, Honig. Durch Arbeit erworbener Reichtum.

Orange: Flamme, Feuer, Ungestüm, Heftigkeit, Leidenschaft, Grausamkeit, Egoismus, Eroberungsbedürfnis; alles, was auf das Instinkthafte Bezug hat.

Grün: Pflanzenreich, Lebensfluidum, nährendes Wasser, Wollust, Unzucht, Sehnsucht, Faulheit.

Indigo: Meditation, Erfahrung, Wissen.

Braun: Farbe des Holzes; Überlieferung, Aberglaube, Konzentration, Vereinsamung, Zurückhaltung, Verschwiegenheit.

Gold: Intellektuelle Vollkommenheit, geistiger Reichtum, Wahrheit, unzerstörbarer Reichtum.

Silber: Moralische Vollkommenheit, seelischer Reichtum, Reinheit der Ein-Bildekraft, Vornehmheit des Herzens.

Ideogramme der Tarotkarten

Die zweiundzwanzig großen Arkana sind vereinfacht als Ideogramme dargestellt worden, zusammen ein symbolisches Alphabet bildend. Ungezählte anonyme Meister waren während Jahrhunderten an ihrer Gestaltung beteiligt. Die Zeichnungen in diesem Buch sind die individuelle Leistung des Künstlers Heiri Steiner.

Exkurs zum Tarot:

Wie die Fragen zu formulieren und die gezogenen Karten zu interpretieren sind

Beiliegender Anhang ist für Anfänger gedacht, die mit dem Tarot noch nicht vertraut sind. Er zeigt an zwei konkreten Beispielen, wie Fragen genau zu formulieren und wie die gezogenen Karten zu interpretieren sind, immer unter Beachtung des Charakters, des Alters und der allgemeinen Situation des Fragestellers.

Für Fortgeschrittene, die bereits Praxis in der Mediation haben, scheint die folgende Methode gut zu sein. Man fragt sich »Wo stehe ich jetzt?«. Nachdem die Karte ertastet wurde, soll gründlich über sie und ihre (im Buch vermerkten) Entsprechungen nachgedacht werden unter Visualisierung des Bildes, mindestens einen Tag lang. Dann kann man fragen: »Was stimmt bei mir nicht, daß ich in dieser Situation bin? In welcher Richtung sollte ich mich verändern, wohin führt der Weg?« Nach nochmaliger Kontemplation kann man noch fragen: »Welche Anforderungen werden an mich gestellt, damit diese Änderung gelingen wird?«

Diese drei Fragen im Zusammenhang zu meditieren, erfordert wohl gut eine Woche, aber nur unter der Bedingung, eine ernsthafte Arbeit zu leisten, wird man zum Verständnis seiner selbst und seiner Situation gelangen.

Das kleine Hufeisen

Das kleine Hufeisen für Situationen, in die auch unbekannte Faktoren hineinspielen (nach R. Cavendish): Nehmen wir an, ein Student, der Examensangst hat, fragt, ob er das Examen bestehen wird. Die Fragen können folgendermaßen formuliert werden:

Frage 1: Habe ich das Nötige getan?
Frage 2: Wie stellt sich die gegenwärtige Situation dar?
Frage 3: Verborgene oder unbewußte Faktoren.
Frage 4: Verborgene Hindernisse.
Frage 5: Wie verhalten sich die Beteiligten?
Frage 6: Was soll oder kann ich noch tun?
Frage 7: Wie wird das Ergebnis sein?

Ausgelegt werden die Karten nach folgendem Schema:

SCHEMA:

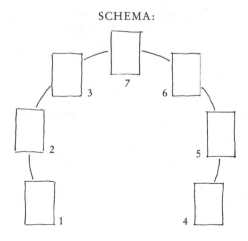

die ersten drei Karten, Vergangenheit und verborgene Faktoren betreffend links, die nächsten drei Karten rechts, die siebte Karte in der Mitte oben.

SITUATION

Ein Student, der vor dem Examen steht, fragt, ob er es bestehen wird. 1. Habe ich bisher das Nötige getan? 2. Wie sieht die gegenwärtige Situation aus? 3. Gibt es verborgene oder unbewußte Faktoren, die das Resultat beeinflussen könnten? 5. Wie werden sich die Beteiligten, Professoren, Angehörige, verhalten? 6. Was könnte ich jetzt noch tun? 7. Wie wird das Resultat sein?

Dieses Beispiel zeigt, daß ein guter Teil der Arbeit des Fragenden darin besteht, seine Frage genau zu analysieren und zu formulieren. Je genauer die Fragestellung, um so treffender wird die Antwort sein. Ist die Situation verwickelter, können auch mehr Karten gezogen werden; die zuletzt gezogene stellt immer die Person selbst oder das Endresultat dar. Bleibt die Lage undurchsichtig, so kann auch eine Verdoppelung des Hufeisens gelegt werden.

Die Achterschleife

SCHEMA:

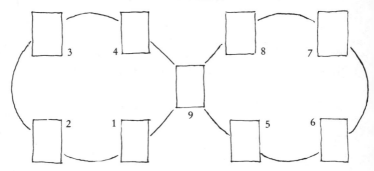

DIE SITUATION

Eine Frau, Schweizerin, ca. 50jährig, geschieden, finanziell unabhängig, beginnt esoterische Studien. Vier erwachsene Kinder. Naturverbunden, aktiv.
Ein Mann, Italiener, ungefähr gleichaltrig, verheiratet, aber seit Jahren mit seiner Frau in Bruder-Schwester-Beziehung lebend. Beruflich überaus tüchtig, hat neben seiner hauptamtlichen Beschäftigung noch ein eigenes Geschäft aufgezogen. Kontaktfreudig, nimmt sich Zeit zur Entspannung.

DIE FRAGEN:

1. Ist die Situation so wie sie erscheint?
2. Was erhoffe ich, was befürchte ich unbewußt?
3. Welche Hindernisse entstehen aus unbewußten Strebungen oder äußeren Umständen?
4. Wie ist die reale Ausgangssituation? Welche Anstrengungen muß ich machen, um ihr zu genügen?

5. Entwickelt sich die Situation so, wie ich es erhoffe? Soll ich mich jetzt zurückhalten oder die Initiative ergreifen?
6. Werde ich den Ansprüchen einer freien, aber dauerhaften Bindung gewachsen sein?
7. Werden durch ein freies Verhältnis die Wünsche beider Partner erfüllt?
8. Was erwartet mein Freund von dieser Bindung?
9. Was bedeutet eine solche Bindung für mich?

ANTWORTEN, INTERPRETATION
DER GEWÄHLTEN KARTEN.

1. gewählte Karte: III, Die Herrscherin, verkehrt. Die Situation verlangt Anpassungsfähigkeit, ich muß in jeder Hinsicht beweglich bleiben und die Möglichkeiten des Augenblicks zutreffend abschätzen. Noch bin ich unsicher, auf welche Art diese Beziehung bis in die Einzelheiten gestaltet werden soll. Zu vermeiden ist ein eigensinniges Beharren auf vorgefaßten Ansichten, auf der eigenen Meinung; Spekulationen, welche die Zukunft vorwegnehmen, sind schädlich, weil die Freiheit beider Partner durch solche Erwartungen eingeschränkt wird. Es ist richtig, Anregungen, die vom Partner kommen, aufzunehmen, zu prüfen und umzusetzen.
Ich soll fortfahren, meinem tätigen Wissen nachzuleben und meinen Horizont zu erweitern, meine Energie konzentriert auf ein bestimmtes Gebiet beschränkt einzusetzen.

2. Karte VI: Die Entscheidung, aufrecht. Die getroffene Wahl ist für beide Partner die richtige, sie verspricht eine erfüllte Liebesbeziehung, die auch von der sexuellen Grundlage her tragfähig ist. Möglicherweise entdecken die Partner Ähnlichkeiten in ihrer psychischen Veranlagung, die geistigen Interessen könnten gemeinsame sein. Bei aller Zuneigung und Verbundenheit muß man seine Eigenart bewahren und sich nicht blind dem Partner ausliefern.

3. Karte XII: Die Prüfung, aufrecht. Man soll absichtlich keine Veränderung der Verhältnisse herbeiführen wollen und sich weder utopischen Plänen noch sentimentalen Träumereien hingeben. Zuerst muß die Beziehung in der Stille reifen, die Gefühle werden sich mit der Zeit verinnerlichen und vertiefen. Vor allem uneigennützig bleiben, für den Partner auch Opfer bringen können. Von ausschlagender Bedeutung für die Beziehung kann der Zeitmoment sein, zu dem eine Maßnahme ergriffen wird.

4. Karte I: Der Magier, verkehrt. Ich befinde mich an einer Lebenswende, in einer Umbruchsituation, Zweifel, Unsicherheit, wechselnde Stimmungen stellen sich ein. Die Vitalität äußert sich in Initiative. Selbstbewußtsein; Selbstbeherrschung auch in bezug auf Stimmungen wird gefordert. Die Weiterentwicklung der Beziehung muß im differenzierten Eingehen und Prüfen der besonderen Voraussetzung gefunden werden. Gewarnt wird vor einer Isolierung in einer Traumwelt und vor Streitigkeiten.

5. Karte VII: Der Wagen, verkehrt. Ich muß den Mut und die geistige Reife besitzen, diese Beziehung gegen die kollektive Meinung zu vertreten, es ist möglich, daß darüber geredet wird. Mein Verhalten muß meiner bisherigen Lebenserfahrung gerecht werden. Eine ganzheitliche Planung wird verlangt, schrittweise und unter Rücksichtnahme auf die Umstände, die in die Beziehung hineinspielen.

6. Karte IX: Der Weise, aufrecht. Um den Ansprüchen, einer solchen Bindung gewachsen zu sein, sind Selbstbesinnung, Selbsterhellung, Selbstbestimmung und Freisein von Sorge nötig; auch Mut, Sammlung, Verschwiegenheit und Diplomatie; dann ein Ort, an den man sich zurückziehen kann. Falls die Lage falsch beurteilt würde, wären große Anstrengungen nötig, um sie wieder richtigzustellen.

7. Karte XIII: Der Tod, verkehrt. Es ist ein Neubeginn auf der Ebene größerer Selbstlosigkeit und Opferbereitschaft, der Anerkennung der Notwendigkeiten und unabänderlichen Bedingtheiten. Die Kraft wird mit der Aufgabe wachsen, diese bedeutet eine Erneuerung des ganzen Wesens. Ein Kind würde gewünscht. Eine Warnung, nicht in träge Gewöhnung zu verfallen.

8. Karte IV: Der Herrscher, aufrecht. Weil die Gefühle der Partner übereinstimmen, wird die Beziehung dauerhaft sein. Die Autorität des Mannes muß in seinem Bereiche anerkannt werden. Er ist ehrgeizig, wird also zum Teil auch andere Interessen als die gemeinsamen verfolgen. Dafür ist er bereit, Beschwerden auf sich zu nehmen, als Beschützer einzuspringen, falls dies nötig wird. Es werden sich Möglichkeiten zeigen, welche die Ausführung seiner Pläne begünstigen. Warnt vor blinder unkritischer Anerkennung seiner Autorität, vor sentimentaler Abhängigkeit. Es stellen sich Fragen, die das Leben in der Gemeinschaft betreffen. Der Wert einer Partnerbeziehung zeigt sich darin, daß die eigenen psychischen Unstimmigkeiten auf den Partner projiziert, »außen« sichtbar werden. Beide Partner werden gezwungen, konkret handelnd Stellung zu nehmen. Mitmenschliche Verhaltensweisen werden auf die Probe gestellt.

9. *Karte V: Der Priester, aufrecht.* Diese Verbindung beruht auf beidseitiger innerer Gewißheit. Durch sie wird meine geistige Entwicklung gefördert, meine Intuition geschärft; Inspirationen aus dem erlebten Zusammensein mit all seinen Forderungen geben erweiterte und vertiefte Einsichten und Kenntnisse. Es besteht die Verpflichtung, Erkenntnisse auch anzuwenden, in Taten umzusetzen. Warnt vor Unduldsamkeit, Gereiztheit, vor unsachgemäßen Behauptungen, vor Ressentiments.

Würden dieselben Karten von einer Künstlerin oder Intellektuellen gewählt oder gar von einer psychisch Belasteten, so müßte die Interpretation andere oder ergänzende Bedeutungsnuancen erwähnen. Die Person der Wählenden spielt also eine maßgebliche Rolle.

Beispiel einer ausführlichen Interpretation

SCHEMA

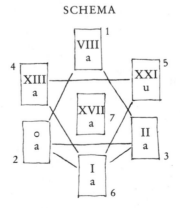

(a = Karte liegt aufrecht, u = Karte liegt umgekehrt.

FRAGEN

1) Arbeit, 2) Partnerschaftsbeziehung, 3) Ortsveränderung.

DEUTUNG

Was beim ersten Blick auffällt: alle Karten, mit Ausnahme XXI, der Welt, liegen aufrecht. Die positive Bedeutung wird betont.
Zuerst deuten wir die Karten einzeln. (Siehe S. 21).
Karte 1: VIIIa, die Gerechtigkeit. Gleichgewicht der Kräfte, Ordnung, Beständigkeit. Beachtung der Gesetzmäßigkeiten und der Gesetze. Reifliches Überlegen und Abwägen, geschärftes analytisches Denken, gerechtes Urteil; in der körperlichen Sphäre: Beachtung organischer Gesetzmäßigkeiten; in der sozialen Sphäre: Eingliederungsbereitschaft; in der geistigen Sphäre: Annehmen des Schicksals.

Karte 6: Ia, Der Gaukler. Bewußtseinsprinzip, Gerichtetheit des Willens als potientielle Kraft. Ich als Mittelpunkt der Abläufe wird betont. Selbstbewußtsein, Initiative, Vernunft. Lern- und Bildungsfähigkeit. Fähigkeit, einen Gedanken durchzudenken, sich auf das Gegenwärtige zu konzentrieren.

Karte 2: 0a, Der Narr. Der reine Tor, der ewige Jüngling, der Wanderer. Er folgt spontan dem inneren Gesetz, ist allen Einflüssen ausgesetzt, legt sich nicht fest. Unvernünftig – vernünftig. Passive Aktivität, aktive Passivität.
Wenn man diese Karte vorwiegend positiv interpretiert (sie liegt aufrecht), bilden Priesterin und Narr ein

gleichwertiges Paar, auch Gaukler und Narr; sie betonen die Qualität auf Kosten der Quantität.

Karte 3: IIa, Die Priesterin. Erwählt, um einen Funken der universellen Energie aufzunehmen, zu behüten, auszutragen und anderen näherzubringen. Durch ihre Anstrengung trägt sie dazu bei, daß die träge Masse eine innere Spannung bewahrt und daß die Hochschätzung des Lebens, die Freude am Dasein und die Intensität des Erlebens nicht verlorengeht.

Karte 4: XIIIa, Der Tod. Schicksalhafte Enttäuschungen und Verzichte, das Ungültigwerden bereits gewonnener Einsichten und des materiell Erreichten, Änderung der Situation. Gewährleistet andererseits Erneuerung auf allen Gebieten, Austauschvorgänge.

Karte 5: XXIu, Die Welt. Unterstreicht die schon in der Priesterin gegebene Bedeutung des Wissens um das Seiende. Beide nehmen das ganz Andere in visionärer Schau wahr. Der Zeitpunkt spielt eine große Rolle. Die freudige Leichtigkeit des Erlebens wird aber noch nicht erreicht.

Karte 7: XVIIa, Die Sterne. Sie unterstreichen das schicksalhaft Vorausbestimmte, betonen das Vertrauen zu Idealen, die Liebe zum Schönen, Ästhetischen, zur vollendeten Form, das Herausschälen des Reingehaltigen.

Um die Frage nach dem Gelingen der Arbeit zu beantworten, deuten wir das obere Dreieck, 1 – 4 – 5, und das untere, 2 – 3 – 6.

Auch bei der Deutung eines Horoskopes muß man den Unberechenbarkeitsfaktor einbeziehen. Das gleiche gilt bei der Deutung der Tarotkarten. In diesem Kartogramm wird er noch unterstrichen durch das Erscheinen des Narren, der ja den Archetyp des Unberechenbaren darstellt.

Ein weiterer Unberechenbarkeitsfaktor ist die Person des Deutenden. Seine Interpretierung hängt von seinem Charakter, seinen Vorlieben und Aversionen, seiner Disposition ab; sie wird durch seine Intuition und seine Kenntnisse beeinflußt.

Eine ungewöhnliche Konstellation sind das Paar Priesterin und Narr. Da beide Karten aufrecht liegen, kann man bei beiden Partnern mit Kompetenz in esoterischen Belangen rechnen. Beide setzen sich mit ihrem ganzen Wissen und Willen für das Gelingen der Arbeit ein und ergänzen sich gegenseitig. Ihr Charakter und ihre Ideale rechtfertigen das Vertrauen, das man ihnen entgegenbringt.

Karte 1: VIIIa, Die Gerechtigkeit. An der Spitze des Dreiecks stellt sie den Firstbalken dar und betont die Tragfähigkeit des Aufbaus, die Tragfähigkeit der Arbeit, die planmäßig unter Berücksichtigung der materiellen Bedingtheiten durchgeführt wird. Mit ihrem Wissen können beide Partner auf die Besonderheiten ihrer Schüler eingehen und beurteilen, was der psychischen Tragfähigkeit des einzelnen zugemutet werden darf. Am Orte ihrer Tätigkeit wird Verschiedenes in Bewegung geraten.

Karte 4: XIIIa, Der Tod. Der Neubeginn an einem anderen Ort bringt zu Beginn Anpassungsschwierigkeiten, eventuell werden Hoffnungen auf Hilfe enttäuscht. Doch besteht die Gewißheit, sich durchzusetzen, vielleicht mit Hilfe von einer Seite, auf die man nicht gerechnet hat. Die Zeit zur Konsolidierung des Neuen wird genutzt.

Neue Einblicke in das unbekannte Milieu, neue Einsichten auch in bezug auf sich selbst. Die Ausstrahlung beider Persönlichkeiten wirkt überzeugend.

Karte 5: XXIu, Die Welt. Eine glückliche Verbindung von zwei sehr verschiedenen Partnern. Bedingtheiten, die sich aus dem Zusammenleben ergeben, schränken die beidseitige Unabhängigkeit ein, auch in bezug auf geistige Konzeptionen und materielle Dispositionen. Die Klugheit der Priesterin trägt dazu bei, Unerfreuliches vorauszusehen und abzubiegen oder ganz zu vermeiden, doch besteht die Gefahr, Intuitionen zu wenig zu beachten.

Zweite Frage: »Wie werden sich die Partnerschaftsbeziehungen gestalten?«

Obwohl diese Frage bereits angeschnitten wurde, interpretieren wir nun das untere Dreieck, 2 –3 – 6.

Karte 2: 0a, Der Narr. Der Unberechenbarkeitsfaktor spielt in dieser Beziehung ein große Rolle, Regeln sind ungültig, ständige, überraschende Wendungen sind möglich. Der Standpunkt jedes Partners muß immer wieder neu definiert werden und trägt deshalb zur Bewußtseinsentwicklung jedes Partners bei.

Der Zwang, den jede Beziehung mit sich bringt, kann gelockert werden, wenn die Tätigkeitsgebiete, evtl. auch das Domizil beider Partner verschieden sind.

Karte 3: II, Die Priesterin. Die Beziehung wird viel von der Beziehung Mutter–Kind an sich haben. Die mütterliche Persönlichkeit ist berufen, geistige Richtlinien, Wärme und Fürsorge zu vermitteln und wird durch diese Tätigkeit selbst befruchtet werden. Emotionale Schwierigkeiten werden unvermeidlich sein.

Karte 6: XVIIa, Die Sterne. Basis der Beziehung ist die Gleichwertigkeit beider Partner. Die nötige Muße, um die Annehmlichkeiten und Schönheiten des Lebens zu genießen, ebenso wie die dazu nötigen materiellen Mittel werden vorhanden sein.

Zu deuten bleiben nun noch 2 – 4 in bezug auf das Materielle, Physische, äußere Verhältnisse. 3 – 5 betrifft die Vitalität, Zeit und Ort, das Emotionale, 1 – 7 – 6 das Geistige, 1 – 4 – 5 die Angelegenheit selbst, 2 – 3 – 6 den Fragenden selbst, 7 ist die Zusammenfassung, das Urteil.

Karte 2: 0a, Der Narr. Er zeigt die Weiträumigkeit der Verhältnisse, ein weiträumiges Land, Freiheit von Sorge in bezug auf Materielles und Gesundheit. Großzügigkeit in der Lebensführung, Anstrengungsbereitschaft auch dort, wo sie nicht unbedingt nötig wäre. Psychisch nicht stabil, die Bewußtwerdung bleibt hier noch im Gang.

Karte 4: XIIIa, Der Tod. Eine einschneidende Veränderung in den gegenwärtigen Verhältnissen und im eigenen Verhalten. Man sieht seine Anstrengungen belohnt, trotzdem muß eine gänzliche Umstellung stattfinden. Neues muß beachtet und hinzugelernt werden, um sich behaupten zu können, der Körper selbst muß sich an die neuen klimatischen Verhältnisse und eine andere Nahrung anpassen. Absicherungen sind auf der materiellen Basis notwendig. Der Mut, Annehmlichkeiten und Schwierigkeiten gleichmütig zu ertragen, wird gefordert. Exaltations- und Depressionszustände, schicksalhaft und zeitbedingte Einsamkeit. Kreativität als Künstler oder Forscher. Die Orientierung des Willens, die in Karte VI versucht wurde, gewinnt hier an Unabhängigkeit und Festigkeit.

Symbole werden analysiert, um die Mechanismen kollektiver Rationalisierungen klarzustellen.

Karte 6: Ia, Der Gaukler. Ein entscheidener Schritt zur Selbständigkeit und Selbstverwirklichung, wenn man seine Existenz überlegt in die Hand nimmt, über das geistige Rüstzeug verfügt, konsequent bleibt und das praktisch Notwendige zur gegebenen Zeit erledigt.

Neue Möglichkeiten und Verbindungen werden sich zeigen.

1 – 4 – 5 sagen in bezug auf die Angelegenheit aus.

Karte 1: VIIIa, Die Gerechtigkeit rät, alles, was mit der Angelegenheit zu tun hat, mit größter Achtsamkeit und Sachverständnis zu behandeln, denn jetzt wird der Grundstein für alles Spätere gelegt. Auch die rechtlich-praktischen Grundlagen sollten vertraglich festgelegt und nachgeprüft werden, jedes Versäumnis würde sich rächen. Die Vorsorge soll sich auf die Lage und den Zustand der Räume, die man braucht, erstrecken, und die Auslagen sollten im richtigen Verhältnis zu den verfügbaren Mitteln stehen, damit man sich keine Sorgen zu machen braucht. Vorsicht in allem.

Karte 4: XIIIa, Der Tod. Zeit des Überganges, Auseinandersetzung mit Negativem, Wandlung, Loslassen. Vergangenes, Veraltetes muß aufgegeben werden. Man muß die Distanz zum Geschehen behalten. Eine Gefahr könnte aus dem Verlust der Kontrolle entstehen.

Karte 5: XXIu, Die Welt. Es findet eine harmonische Konkretisierung des bisher durchlaufenen Wandlungsprozesses statt und die Geordnetheit der äußeren Situation wirkt sich als innere Ruhe aus. Die Stabilität des emotionalen Gleichgewichts wird nicht erreicht. Die Bewußtwerdung von Gegensätzlichkeiten und Konflik-

ten, die jede Situation latent in sich trägt, zeitigt aber auch eine heilende Wirkung. Es besteht eine Gefahr, sich im Grenzenlosen zu verlieren. Versenkungstechniken werden geübt.
Die gelebte Beziehung zu einem anderen Menschen ist zur Erreichung der Ganzheit unerläßlich.

3 – 5 = Vitalität, Zeit und Ort.
Karte 3: IIa, Die Priesterin. Stabile Basis für die vorgesehene Aktivität, Zeit und Ort sind günstig. Gutes Gedächtnis, gute Gesundheit. Vorzeichen werden beachtet.
Karte 5: XXIu, Die Welt. Bei auftretenden Schwierigkeiten soll man nicht seinen Gleichmut verlieren. Wenn Feindschaften entstehen, wie sie sich oft gegen den Neuankömmling richten, ist es besser, Konzessionen zu machen als aggressiv zu antworten. Unter dieser Bedingung wird die Eingliederung ins Bestehende leicht gelingen.

1 – 7 – 6 = Das Geistige.
Karte 1: VIIIa, Die Gerechtigkeit. Durch seine innere Haltung muß man schicksalhaften Momenten gerecht werden. Verlangt wird Ausgewogenheit und Überlegtheit in der Beantwortung emotionaler Impulse; dies betrifft auch die körperliche Tätigkeit. Die Sensibilisierung, die Wahrnehmung und Beantwortung kleinster Reize, wie klimatischer oder atmosphärischer Schwankungen, nimmt zu. Kein starres Pensum, Arbeit und Ruhe sollen sich abwechseln, um die dauerhafte Wirksamkeit der Kräfte zu gewährleisten und für das Auftauchen neuer Bewußtseinsinhalte Raum zu lassen.

Stabiles Fundament der Arbeit kann bedeuten, daß man abschätzen kann, was angebracht ist, zu sagen und was nicht, daß man die psychische Tragfähigkeit des anderen richtig einschätzt. Wille und Durchführung sollen übereinstimmen.

Karte 7a: Die Sterne. Geistiger Reifezustand echter Frömmigkeit. Rituale werden begangen.

Das Ritual ist eine Antwort auf die archetypische Welt; ihr Geistcharakter wird im körperlichen Vollzug eingebracht in ein gewandeltes Leben, in dem ein Überpersönliches, die Einheit mit den Ahnen und dem Körper selbst, verwirklicht wird. Durch Bewußtwerdung der instinktiven Reaktion wird sie zur Erfahrung. Dem Tun gegenüber ist sie ein Verinnerlichungsprozeß, sie wird zum Schauen und dann zum Innehaben.

Vollziehen eines Rituals bedeutet, voll gegenwärtig zu sein. Durch Bewußtwerdung der in der körperlichen Form zirkulierenden Lebensenergie fließen Geist und Körper ineinander; geistige Sinngehalte werden wahrnehmbar, greifbar und bieten die Gelegenheit, die Begrenztheit des Ego zugunsten des Selbst zu überwinden und sein individuelles Schicksal als Teil des Ganzen zu begreifen. Als Beschwörungsformel bieten Rituale Schutz, sie helfen, Ängste abzubauen.

Sie ermöglichen die Zurücknahme illusorischer Bilder des Ego und desjenigen, das man sich von anderen macht, den Abbau intellektueller Konstruktionen, welche die Wirklichkeit verstellen, die Unterscheidung zwischen Sein und Schein, zwischen Erotik und Sexualität. Inneres Erleben und äußere Form sind in echtem Ritual gleichwertig.

Exaltations- und Depressionszustände, schicksalhafte, zeit- und ortgebundene Einsamkeit. Kreativität als Künstler oder Forscher. Die sachgerechte Ausführung der Arbeit beansprucht die ganze Aufmerksamkeit.

Karte 6: I, Der Gaukler a. In der körperlichen Erfahrung entfaltet die Welt ihre doppelte Bedeutung: in bezug auf das Ich in der Analyse, in bezug auf die Außenwelt durch Synthese, in bezug auf Ich und Welt als Ganzheitserlebnis.
Die Standfestigkeit des Ichs ist gestärkt; dies erlaubt ein weites Geöffnetsein für Irrationales. Das Ich begeht den mittleren Weg zwischen Loslassen und Festhalten.

2 – 3 – 6 betreffen den Fragenden.
Karte 2: Narr a und *3: Priesterin* lassen Machtkämpfe zwischen den beiden Partnern befürchten, aus denen Karte 3: *der Gaukler (I)* den Ausweg zeigt durch Standfestigkeit und Anpassung. Karte 6 die schwierige Entscheidung.

Karte 7a: Die Sterne a. Diese Karte wurde bereits ausführlich besprochen. Zusammenfassend unterstreicht sie die Orientierung des Willens auf Selbstwerdung durch Selbsterkenntnis. Diese werden in den Dienst der Allgemeinheit gestellt. Auch Rückschläge können sich für unser Innehaben und unser Tun segensreich auswirken.

Literaturhinweise

John Blofeld (Hrsg.), The Zen Teachings of Hui Hai on sudden Illumination. London 1962 (Rider & Co.)

Richard Cavendish, The Tarot. London 1975 (Michael Joseph Ltd.)

Le changement créateur. Neuchâtel 1972 (J. K. Delachaux et Niestlé S. A.)

Karl Drude, Das Magische Quadrat des Nostradamus. München-Pasing 1961 (Drei Eichen)

Mircea Eliade, Images et Symboles. Paris 1952 (Gallimard)

Luisa Francia, Das Hexentarot. München o. J. (Frauenoffensive)

Erich Fromm, D. T. Suzuki, Richard de Martino, Zen-Buddhismus und Psychoanalyse. Frankfurt 1974 (Suhrkamp)

Lama Anagarika Govinda, Grundlagen der tibetischen Mystik. Zürich u. Stuttgart 1956 (Rascher)

Lama Anagarika Govinda, Die innere Struktur des I Ging. Freiburg 1983 (Aurum)

Martin Heidegger, Sein und Zeit. Halle 1927. Neuausgabe Tübingen 1949 (Niemeyer)

Marion Hollenstein, Zur psychologischen Deutung des Tarot-Spiels. Zürich 1981 (Juris)

Carl Gustav Jung, Die Archetypen und das kollektive Unbewußte. Olten und Freiburg i. Br. 1976 (Walter)

–, Mysterium Coniunctionis. Zürich 1955 (Rascher)

–, Naturerklärung und Psyche. Synchronizität als ein

Prinzip akausaler Zusammenhänge. Zürich 1952 (Rascher)
–, Psychologie und Alchemie. Zürich 1944 (Rascher)
–, Psychologische Typen. Olten und Freiburg i. Br. 1971 (Walter)
–, Über die Grundlagen der Analytischen Psychologie. Zürich u. Stuttgart 1969 (Rascher)
Stuart R. Kaplan, Der Tarot. Geschichte, Deutung, Legesysteme. München 1984 (Hugendubel) – Mit kommentierter Bibliographie
Jiddu Krishnamurti, Commentaries on Living. New York 1956 (Harper & Row)
–, L'éveil de l'intelligence. 1975 (Stoch & Plus)
E. Kurtzahn, Le Tarot. Leipzig 1925
E. Lévi, La clef des grands mystères. Nouvelle édition. Paris 1939
Lumiéres essentielles sur le Tarot, R.O.T.A. Los Angeles o. J.
Paul Marteau, Le Tarot de Marseille. Paris 1949
Marguerite Mertens-Stienon, Studies in Symbolism. London 1933 (The Theosophical Publ. House)
Sallie Nichols, Die Psychologie des Tarot. Tarot als Weg zur Selbsterkenntnis nach der Typenlehre C. G. Jungs. Interlaken 1984 (Ansata)
Papus (d. i. Gérard Encausse), Tarot des Bohémiens. Paris 1889
–, Le Tarot Divinatoire. St. Jean de Braye o. J. (Edit. Dangles)
A. Frank Plahn, Das deutsche Tarot. Memmingen 1933
Thomas Ring, Astrologie neu gesehen: der Kosmos in uns. Freiburg i. Br. 1977 (Aurum)
Mary Steiner-Geringer, Das Tarot. Die Welt als Spiel. Mit einem Essay von Sergius Golowin über Herkunft

und Geschichte des Tarots. Zürich 1968 (René Simmen)

Studien zur Analytischen Psychologie C. G. Jungs. Hrsg. vom C.-G.-Jung-Institut Zürich. Zürich 1955 (Rascher)

Studies in the Tantras and the Veda. Madras 1964 (Ganesh & Co.)

Daisetz T. Suzuki, Mysticism Christian and Buddhist. London 1957 (Allen & Unwin)

–, Studies in the Lankavatera Sutra. London u. Boston o. J. (Routledge & Kegan Paul)

–, Die Zen-Lehre vom Nicht-Bewußtsein. München-Planegg 1957 (O. W. Barth)

Arthur Edward Waite, The Pictorial Key to the Tarot. London 1971 (Rider & Co.) – Deutsch u. d. T. Bilderschlüssel zum Tarot. Waakirchen 1980 (Urania)

Pierre Weil, Répression et libération sexuelles. Paris 1973 (Epi)

Friedrich Weinreb, Der göttliche Bauplan der Welt. Zürich 1966 (Origo)

Richard Wilhelm (Hrsg.), I Ging. Das Buch der Wandlungen. Drei Bücher in zwei Bänden. Jena 1924 (Eugen Diederichs). Neuausgabe 1972 (Diederichs Gelbe Reihe, Bd. 1) und als Gesamtausgabe in einem Band, Köln 1984 (Diederichs)

–, und C. G. Jung (Hrsg.), Das Geheimnis der goldenen Blüte. Ein chinesisches Lebensbuch. München 1929 (Dorn-Verlag). Neuausgabe Olten u. Freiburg i. Br. 1977 (Walter)

Joachim Winckelmann, Tarot der Eingeweihten. Berlin 1962

Oswald Wirth, Le Tarot, des Imagiers du Moyen Age. Paris 1927. Neuausgabe 1966

Jan Woudhuysen, Das Tarotbuch. Der Weg des Narren – oder: Wie wir aus den Karten uns selbst und andere verstehen lernen. München 1984 (Kösel)

DIEDERICHS GELBE REIHE

DG 1	I Ging	DG 34:	Santideva. Lehrgedicht des Mahayana
DG 5	Han San: 150 Gedichte vom Kalten Berg	DG 35	Der Sohar. Das heilige Buch der Kabbala.
DG 6	Das Totenbuch der Tibeter	DG 37	Annemarie Schimmel: Gärten der Erkenntnis
DG 7	Heinrich Zimmer: Der Weg zum Selbst	DG 38	Wang Wei: Jenseits der weißen Wolken
DG 12	Hellmut Wilhelm: Sinn des I Ging	DG 39	Emma Brunner-Traut: Die Kopten
DG 13	Geshe Lhündub Söpa u. Jeffrey Hopkins: Der Tibetische Buddhismus	DG 40	Orpheus. Altgriechische Mysterien
DG 14	Dschuang Dsi: Das wahre Buch vom südlichen Blütenland	DG 41	Stufen zur Unsterblichkeit
DG 15	Upanishaden	DG 43	Diana ffarington Hook: I Ging für Fortgeschrittene
DG 16	Mahabharata	DG 44	Thomas Hoover: Die Kultur des Zen
DG 17	Über den Rand des tiefen Canyon	DG 45	Ramayana
DG 18	Popol Vuh	DG 46	Germanische Götterlehre
DG 19	Laotse: Tao te king	DG 47	Hans Findeisen u. Heino Gehrts: Die Schamanen
DG 20	Annemarie Schimmel: Rumi	DG 50	Firdausi: Geschichten aus dem Schahnameh
DG 21	Bhagvadgita/Aschtavakragita	DG 51	Erfahrungen mit dem I Ging
DG 22	Kungfutse: Gespräche. Lun Yü	DG 52	Franz Carl Endres u. Annemarie Schimmel: Das Mysterium der Zahl
DG 23	Al Ghasali: Das Elixier der Glückseligkeit	DG 53	Die Bruderschaft der Rosenkreuzer
DG 24	Basil Johnston: Und Manitu erschuf die Welt	DG 54	Nordische Nibelungen
DG 27	Idries Shah: Die Sufis	DG 55	Mary Steiner-Geringer: Tarot als Selbsterfahrung
DG 28	Liä Dsi: Das wahre Buch vom quellenden Urgrund	DG 56	Albert Y. Leung: Chinesische Heilkräuter
DG 29	Tantra in Tibet	DG 57	Chactun – Die Götter der Maya
DG 30	Chang Chung-yuan: Tao, Zen und schöpferische Kraft	DG 60	Das Buch vom Ursprung der Mongolen
DG 32	Annemarie Schimmel: Und Muhammad ist Sein Prophet	DG 61	John Blofeld: Der Taoismus
DG 33	Heinrich Zimmer: Indische Mythen und Symbole	DG 62	Alfred Douglas: ursprung und Praxis des Tarot

DG 64	Richard Wilhelm u. C. G. Jung: Geheimnis der Goldenen Blüte	DG 86	Ikkyu Sôjun: Im Garten der schönen Shin
DG 65	Astrologie des I Ging	DG 87	Chantal Zheng: Mythen des alten China
DG 67	Heinrich Zimmer: Abenteuer und Fahrten der Seele	DG 88	Rocque Lobo: Traum und Karma im Ayurveda
DG 68	Wolfram Eberhard: Lexikon chinesischer Symbole	DG 89	Uwe Topper: Sufis und Heilige im Maghreb
DG 69	Basil Johnston: Großer Weißer Falke	DG 90	Taisen Deshimaru: Die Lehren des Meisters Dogen
DG 71	Christian Rätsch: Indianische Heilkräuter	DG 91	Weisheit der Völker
DG 72	Frank Fiedeler: Die Monde des I Ging	DG 92	Volker Zotz: Der Buddha im Reinen Land
DG 73	Hans Wolfgang Schumann: Der historische Buddha	DG 93	L. S. Rinpoche: Buddhistische Glückssymbole im tibetischen Kulturraum
DG 74	Heinrich Seuse u. Johannes Tauler: Mystische Schriften	DG 94	Mo Ti: Von der Liebe des Himmels zu den Menschen
DG 75	R. H. Laarß: Das Buch d. Amulette u. Talismane	DG 95	George William Russell A. E.: Weg zur Erleuchtung
DG 76	Mahatma Ghandi: Wegweiser zur Gesundheit	DG 96	Benjamin Walker: Gnosis
DG 77	Abraham von Worms: Das Buch der wahren Praktik in der göttl. Magie	DG 97	Seyyed Hossein Hasr: Ideal und Wirklichkeit des Islam
DG 78	Robert Aitken: Zen als Lebenspraxis	DG 98	Achim Seidl: Das Weisheitsbuch des Zen
DG 79	Robert Aitken: Ethik des Zen	DG 99	Hans Wolfgang Schumann: Buddhismus
DG 80	Das arabische Traumbuch des Ibn Sirin	DG 100	Peter Sloterdijk u. Martin Buber: Mystische Zeugnisse
DG 81	Namkhai Norbu: Der Kristallweg	DG 101	Omar Ali-Shah: Sufismus für den Alltag
DG 82	Annemarie Schimmel: Muhammad Iqbal	DG 102	Annemarie Schimmel: Von Ali bis Zahra
DG 83	James N. Powell: Tao der Symbole	DG 103	Rients R. Ritskes: Zen für Manager
DG 84	Namkhai Norbu: Der Zyklus von Tag u. Nacht	DG 104	Barbara C. Sproul: Schöpfungsmythen der östlichen Welt
DG 85	M. Hiriyanna: Vom Wesen der indischen Philosophie		

Eugen Diederichs Verlag

Alfred Douglas
Ursprung und Praxis des Tarot
DG 62, 256 Seiten mit Abbildungen

Dies ist ein sehr verläßlicher Führer in die geheimnisvolle Welt des Tarot. Douglas zeigt, wie man den Tarot detailliert befragen und die aufgedeckten Arkana für sich selbst produktiv machen kann – ein Spiegel der eigenen Lebenssituation, ein bewegliches Spiel mit dem Ernst.
„Ich empfehle den an Tarot Interessierten das Buch von Douglas. (...) Es vertieft die geschichtliche Kenntnis und zeigt, geradezu lustvoll, die praktische Handhabung des Tarot."

Friedhelm Schöck

Der Sohar
Das heilige Buch der Kabbala

DG 35, 320 Seiten mit 12 Abbildungen und Frontispiz

Das „Buch des Glanzes" ist das Herzstück der jüdischen Mystik. In diesem Buch lernen wir die zehn Sefirot und das System des Weltenbaums kennen, die zehn Doppelworte, die 72 Namen Jahwes, die Pfade des Gerichts und der Liebe, die Stufung der Zeit.
„Wenn ich das Buch Sohar öffne, so schau ich die ganze Welt."

Baal-schem, Begründer des Chassidismus

Franz Carl Endres / Annemarie Schimmel
Das Mysterium der Zahl
Zahlensymbolik im Kulturvergleich

DG 52, 344 Seiten mit 101 Abbildungen und 8 Kunstdrucktafeln

„Das Buch eröffnet eine Welt, die in Bann schlägt, die nicht mehr losläßt. Mayakalender und christliche Ornamentik, die jüdische Menora mit den sieben Armen, Dreifaltigkeit und Yin und Yang, Jahreszyklen und islamische Sphären: Die Zahl scheint nahezu der Urgrund allen Denkens zu sein. Ein Buch tiefer Erkenntnisse, das Anregungen gibt in reicher Fülle."

Buch Journal

Eugen Diederichs Verlag